有时候，书只不过被当作催眠的利器，

然而，一本书能让失眠的人睡去，也能让沉睡的人醒来。

有多少书，能让我们看清这个世界，成为我们看不见的竞争力；

又有多少书，能让我们在看清这个世界的同时，仍旧热爱这个世界。

阅读增添感性，也是一种新的性感。

你所读过的任何书，都会进入你的心灵和血肉，并最终构成你最甜美的部分。

关于人生大问题的答案，要你自己去慢慢拼凑；

但一本本的书给出的小小回答，却可以帮你抵抗终极的恐惧。

我们的一生有限，你想去的地方，你要做的事情，也许总不能完全实现。

唯有读书的时候，你可以在灵魂中撒点儿野。

要知道，人生终须一次妄想，带领我们抵达未知的生命。

你的时间那么贵，要留给懂你的人。

我们想让你在爱的路上想爱就爱，在成长的路上一直成长。

我们，也想要成为你精彩人生中不可或缺的一部分。

我们秉承"爱与阅读不可辜负"，个人发展学会坚持"陪你成长，持续精进"。

让迷茫的人不迷茫，让优秀的人更优秀。

扫码有惊喜

做高效能父母
正面管教的七大法则

张意妮◎著

Positive discipline

中国华侨出版社
·北京·

图书在版编目（CIP）数据

做高效能父母：正面管教的七大法则 / 张意妮著
.-- 北京：中国华侨出版社，2020.7（2021.12 重印）
ISBN 978-7-5113-8146-0

Ⅰ.①做… Ⅱ.①张… Ⅲ.①家庭教育 Ⅳ.① G78

中国版本图书馆 CIP 数据核字（2020）第 074757 号

做高效能父母： 正面管教的七大法则

著　　者：张意妮
责任编辑：黄　威
装帧设计：平　平 @pingmiu
文字编辑：张　丽
经　　销：新华书店
开　　本：880mm×1230mm　1/32　印张：8　字数：145 千字
印　　刷：天津旭非印刷有限公司
版　　次：2020 年 7 月第 1 版　　2021 年 12 月第 2 次印刷
书　　号：ISBN 978-7-5113-8146-0
定　　价：46.80 元

中国华侨出版社　北京市朝阳区西坝河东里 77 号楼底商 5 号　邮编：100028
发 行 部：（010）57484249　　　传真：（010）57484249
网　　址：www.oveaschin.com　　E-mail：oveaschin@sina.com

如果发现印装质量问题，影响阅读，请与印刷厂联系调换。

前　言

　　许多刚认识我的人常常惊讶地问我："你是怎么做到带着三个孩子还能全职工作的？你家孩子打架吗？你家孩子写作业吗？你们请阿姨吗？"

　　他们觉得自己养一个孩子就已经应接不暇了，带着三个孩子还全职工作，更是不可想象的事。他们一定觉得我的三个孩子都像小天使一样——特别有爱心地照顾彼此；每天都可以按时完成功课；完全顺从我们的意愿，让他们干什么他们就干什么，完全不用我操心；放学回家就自觉地弹钢琴、打扫卫生，十分自律……

　　如果他们真能这样，估计我做梦都会笑醒！不过等我笑醒的时候，一定又会感到非常恐惧，因为这哪里是孩子，分明是三个"机器人"啊！

　　调皮捣蛋、任性撒娇……这本来就是孩子的特点。有的人也许很幸运，他们的孩子很懂事，不用家长操心，但我相信大多数人会跟我一样每天痛并快乐着，过着"远交近攻"的"幸福"生活。

了解我的朋友常说我"心大"，完全放养孩子。但随着时间的推移，我的那些看起来好像很随性的教育方式，慢慢地显现出了成果。

心大，得益于我曾在全世界幸福指数最高的芬兰（2018年数据）居住过十年。在那里，经常会见到妈妈一个人带着或两个，或三个，或四个，或五六个孩子，想去哪儿玩就去哪儿玩，想怎么逛超市就怎么逛超市，想参加什么活动就参加什么活动，不会有丝毫的顾虑。

所以带三个孩子出门，对我从来不是什么难事儿。我家二宝10个月的时候，我便恢复日常工作了；三宝一周大时，我们全家就出门旅行去了。所以，在孩子很小的时候，我便突破了心理的局限。孩子小的时候，不要担心他们受挫折，这样长大的孩子，不管是从心理还是生理上，都有很强大的抗压性。

我的职业是图书编辑，所以我可以帮助孩子挑选很多有趣的图书，让他们从小就爱上图书，培养他们的阅读习惯！我家里没有电视和电脑，孩子们做完作业后，就会拿起图书自主阅读。

我跟孩子之间也出现过很严重的关系问题，因为举家跨国搬迁带来的不确定性和漂泊感，加上回国初期我们的生活很动荡，所以有一段时间，孩子们并没有很好的安全感。

我们之间的关系很紧张，我家大宝虽未到青春期，但已经开始有了叛逆的迹象，常常抱怨我厚此薄彼，不公平地对待他们三个；我家二宝常常完不成作业，老师每隔几天就要给我打电话。但我坚持使用正面管教的方法，恰好我那段时期又学习了"6A 接纳课程"，就一步一步地践行书中的内容，与他们重新建立关系。

这一路走来，磕磕绊绊，我也像很多妈妈一样，误入过许多"坑"，我家的孩子们也不是完美小孩，但我依然认为自己是很幸运的那一个。

真的很幸运——我幸运地拥有自己心仪并愿意付出一生的工作，拥有身体和心理都健康的孩子。虽然他们常常淘气，但是他们很尊重我的工作，每天都在努力地做好自己的功课，并帮助我打扫卫生，可以让我有更多时间去努力做更好的自己。我相信，虽然我没有在他们身上花费全部的时间，但他们成年后，每当想起妈妈努力工作的身影，一定会感谢我为自己而活的选择。

在这里，我将自己这些年踩过的"坑"和积累下来的心得，都化作这本小书，希望可以与更多的父母共勉——在带娃的路上，找到最高效的方法，而不是顾此失彼。

正所谓"两手都要抓，两手都要硬"。希望你不但能合理地安排时间,活出精彩的人生,更能与自己的孩子建立良好的关系,养育出健康、活泼、聪明的孩子。

成为快乐的父母,培养快乐的孩子!

目 录
contents

第一章
接纳：关系是一切管教的基础

第二章
和善而坚定：成就有爱有担当的好孩子

第三章
立好界限：孩子才有安全感

第六章
如他所愿：培养孩子的领导力

第七章
正向引导：唤醒孩子的高效学习力

第一章

接纳:
关系是一切管教的基础

1.1 没有人比我更爱孩子，但我真的接纳他吗

刚回国的时候，我遇到的最大挑战是：原来挺乖的孩子，忽然变得不太听话了——让他们做的事情，他们都是左耳朵进右耳朵出，嘴巴上答应得好好的，结果行动上一动不动。最小的女儿也开始变得爱耍赖、爱哭闹了，稍微批评她一下，她就会坐在地上哭泣好久。

而且我发现，孩子们不仅不听话，更不能自律地完成自己的功课，尤其是二宝（弟弟）。上小学以后，老师常常给我打电话问我可不可以陪孩子写作业，但我的性格比较急躁，无法长时间地坐在书桌前耐心辅导他。鉴于他糟糕的表现，我在气急的时候会打他屁股；但随着时间的推移，我发现打他屁股的时间间隔越来越短了，刚开始是偶尔打，后来居然演变成恨不得每天都要打骂他。而他对我的反击是，干脆连考试卷子都不写了，直接拿 0 分的卷子回家。

我一直觉得自己带孩子带得挺好的，忽然之间碰到这么多

挑战，我感到了巨大的挫败感，认为自己很难成为一个好妈妈。我很不明白，一直以来，"正面管教"的理论对我教养孩子很有作用，但一回国这些教育方法怎么全部失灵了呢？孩子们全变成了书里的反面教材，这让我怀疑自己回国的选择是不是错了。这期间，我也看了很多其他方面有关亲子家教类图书，可我越是照搬书中的教育方法，孩子们反而越来越不听话。

我小时候最大的噩梦就是考试成绩不好的时候，每次回家都要挨训或者挨打。现在，原生家庭的问题似乎又复制到了我跟孩子们身上。虽然大宝比较乖，能够自主地完成作业，但钢琴要每天催促他才会勉强练一会儿，二宝的所作所为前面已经说了很多，小宝（妹妹）上幼儿园，暂时没有课业压力，可她的情绪反复，两个哥哥又喜欢捉弄她。所以每天回家，第一件事一般都是听父母跟我抱怨孩子们多不听话，又闯了什么祸……

我重新回顾正面管教的内容，试图从中发现自己做得不好的地方。在正面管教里，有以下四个有效管教的标准：

1.是否和善与坚定并行？

2.是否有助于孩子感受到归属感和价值感？

3.是否长期有效？

4.是否能教给孩子有价值的社会技能和人生技能，培养孩子的良好品格？

在和善与坚定并行方面，我们家其实一直执行得很好。在情绪稳定的时候，我们能够和善，但是在情绪崩溃的时候，我们可能做不到和善，但对于"坚定"，我们家执行得非常好。只要我们说了做什么，不管孩子怎么哭闹，也无法改变我们的心意和执行下去的决心。

所以，孩子们很清楚——尤其是两个男孩，如果我们决定了做什么事情，基本上是不会改变的。但是，他们依然会不停地试探我们能将和善维持多久，而且他们还会不断地寻找其他的方式试图影响和改变我们执行的决心。

正面管教理论中的很多内容让我充满了无力感，不知道哪里出了问题。直到我学习了"6A课程"，我才找到了真正的原因——我没有彻底地接纳我的孩子，尤其是没有接纳他们的情绪。

6A 是指：接纳（Acceptance）、赞赏（Appreciation）、关爱（Affection）、时间（Availability）、责任（Accountability）和权威（Authority）。

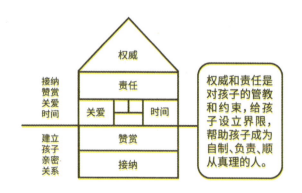

也就是说，只有在接纳、赞赏孩子之后，给他们关爱和时间，才能真正培养孩子的责任感，才可以对孩子有管教的权威。

我们来看一下麦道卫博士对"接纳"的定义：接纳意味着无条件的爱，向孩子表达你的爱，让他们懂得，不论他们的行为如何，不论他们犯了多大的错误，不论他们多么失败，我们的爱永不离开……

我们的孩子从我们这里得到爱，是一种有条件或者靠表现来赚得的爱，这还是一种无条件的爱吗？回想过去我执行管教的时候，往往是从最开始的温和坚定变成了最终的权力之争。这也是为什么管教会逐渐失去权柄，不再是爱的管理，而变成了强权式的命令关系。孩子们正在用他们的表现赢得我的欢心。

用家长式的权威去管教，迫使孩子们表现良好，这正是我们与孩子之间的关系出现问题的原因。如果他们没有取得好的成绩，没有按时完成作业，我们对他们的态度的确就会很差。在我认识到了这一点后，当出现我接纳不了孩子们的时候，或者二宝又不完成作业的时候，我就为自己设置一个场景：如果这时候他生了很严重的病，我还会强迫他写作业吗？作业还有那么重要吗？

人生的一切麻烦，以及孩子在成长中遇到的所有问题，都是从他苦苦地用表现去赚取、去赢得父母的爱开始的。这句话对我简直是醍醐灌顶——如果我真的爱我的孩子，不管他怎样表现，他都是我的孩子，不会因为他做了错事，就变成了从别人肚子里生出来的"小捣蛋"！

第一次上完"6A课程"后回家，我问了孩子们老师在课上让我们回家问孩子的两个问题：你们觉得爸爸妈妈爱你们吗？如果你们犯了很严重的错误，你们还觉得爸爸妈妈爱你们吗？

孩子们的回答很有意思！

小宝听完第一个问题，很高兴地说："爱的。"听到第二个问题，她撒娇地靠在我怀里说："爱。"但听起来有些委屈，我一直以为她的安全感很足，看来我还真是有些夜郎自大。

我家大宝对第一个问题的回答很坚定，而对第二个问题则想了很久才回答说："应该是爱的，因为上次我偷偷拿手机玩游戏，你们发现以后很生气，虽然停了我们的很多娱乐活动，但是到了第二天，你对我们的态度没什么变化。"好吧，这个"小理工男"已经学会摆事实讲道理地理性分析了。

而我管教最多的二宝简直就是教科书级的典范：第一个问题就回答得战战兢兢，第二个问题，直接眼睛看着地板，带着哭腔说："不爱。"

我跟他们之间的关系，从接纳开始便神奇地改变了。首先是我家小宝！周一早上，她因为哥哥碰掉了她的衣服，就坐在地上一直哭。我忍住自己的脾气，走过去抱住她，我说："妈妈知道你很难过，我很爱你，所以你可以告诉我你为什么这么难受吗？"

以前我不愿意在她发脾气的时候去抱她，是因为看过的一些养育类书籍中说，孩子一发脾气就抱，会纵容他们的坏脾气，所以我都是很克制自己的。想不到，久而久之，竟变得麻木和不耐烦，每次一看她发脾气，就想训斥她。然而，要知道，孩子的问题不是问题，是他们解决问题的办法。

当我接纳了小宝的坏情绪后，发现她乱发脾气的次数越来越少了。虽然小宝并不是每次发脾气都有具体的原因，但是她觉得自己的坏情绪被妈妈理解了，她开始能控制自己的情绪了（具体做法会在后续的章节中展开论述）。以前她可能每周都会有三四次坏情绪发作，但是第一次使用这样的方法以后，小宝竟然整整一周都没有坏情绪。接下来的一个月，她也只发了两三次脾气。

二宝改变得慢一些，因为之前积压的问题太多，所以我找了一个晚上，跟他单独谈话，我向他讲了我的原生家庭，为以前不接受他的感受和行为向他道歉。想不到他拥抱着我，哭得泣不成声。那一刻，我真的很心痛，我明明这么爱我的孩子们，但是我没有接纳他们。接下来，我花了几个月时间改变我们的关系，还带着他学习如何高效地写作业。他的改变也让我相当惊喜。现在，他每天回家都尽力及时地完成作业，更在晚上帮助我们收拾餐桌、洗碗、扔垃圾，做一些力所能及的简单家务。

而我家大宝，好像突然找回了练习钢琴的乐趣，放假时每天可以自我陶醉地练习两三个小时，还帮助妹妹认五线谱，帮助弟弟学习数学。以前可是花钱请他，他都觉得不耐烦啊……

　　关系的改变，让我有一种幸福来得猝不及防的感动。如果你像我一样，与孩子的关系好像陷入了僵局，不知道怎么走出这样的循环，不妨从接纳孩子开始，改变与他们的关系，改变孩子的人生。

1.2　魔法视角：
你以为的缺点，其实只是孩子的特点

作为妈妈，我有一双明亮而善于发现的眼睛。我总是能一眼就看到孩子们所犯的错误，并逮住机会极力地让他们改正自己的缺点。但我经常对孩子们所做的正确的事情，选择理所当然的忽视。

差不多有两年的时间，我一直在纠结要给孩子们报什么样的兴趣班——哥哥的协调性不好，应该让他去学跳舞；弟弟数学成绩不好，应该送他去奥数班好好补补数学；妹妹记忆力不太好，应该送她去学一个可以增强记忆力的课程……可是，哥哥最讨厌跳舞，他喜欢数学；而弟弟的身体素质特别好，他喜欢跳街舞；妹妹喜欢唱歌和美术，一点儿都不喜欢抽象的东西。尽管我也很想让孩子们按照他们的天性和喜好来学习，但我又真的很想帮助他们弥补短板。

我相信跟我有一样想法的父母不在少数，我们为孩子的缺点而抓狂，我们以为自己有义务去纠正孩子，让他们变得更优秀。我们这样做其实是有原因的，**一是我们没有接纳孩子的自然天性，二是我们为孩子的未来忧虑，怕他们输在起跑线上。**

有时候，我们会觉得孩子是"问题孩子"，但其实如果你从其他角度看孩子，也许他就会变了。比如我会嫌弃我们家老二做事总是磨磨蹭蹭的，可是当我慢下来观察他，才发现他磨蹭是因为他是个完美主义者，他想要做到最好。所以当我跟他说，这个事情只要做到多少分，或者做成什么样子就可以了的时候，他磨蹭的问题就减少了很多。

孩子很小的时候，其实有一个阶段是追求完美的，比如你给他的苹果必须是完整的，不能有任何瑕疵；你给他的米饭必须是平平的，不可以有一个米粒翘起来，否则他就大哭不吃……对于孩子"完美主义"的阶段，我们必须要耐心地陪伴他，而不是试图改变他。

另外，我们的"完美主义"也容易让我们不能接纳孩子。我们总会下意识地盯着孩子的错误之处，想要去纠正他，让他变成一个完美的人。但是怎么可能呢？我们自己都不完美，怎么能要求孩子完美呢？

所以，我们首先要接受孩子是一个不完美的人，他会有情绪，会有不开心，会有黏人的时候，会有犯错误的时候，我们不能拿我们的标准去要求孩子。在孩子犯错误的时候，他需要我们帮助他发现到底哪里出了问题，告诉他怎么去解决这个问题，帮助他将错误变成学习的契机，而不是让孩子陷入自我责备中走不出来。

错误可以帮助我们去寻找到更好的学习方法，帮助我们去争取更好的结果，从而让错误成为积极的因素。

我们应该关注孩子在成长中的变化，而不是结果；我们不能要求孩子做到尽善尽美，而需要给予他不断进步的动力。

我有一位朋友，她的女儿已经上了大学，可她一直无法接受女儿跟自己完全不一样的生活习惯。直到她为自己和女儿做了性格测试，知道自己是C型性格，而女儿是S型性格，这才从纠结中走出来，开始慢慢地接受女儿的特立独行。对于那些没办法接纳孩子天性的父母，不妨试试"DISC性格密码测试"。当我们了解了自己和孩子的性格特点，接纳起来就容易得多了。

附：DISC行为方式测试

DISC行为方式测试（性格测试），由美国心理学家马斯顿（"测谎机"的发明者）博士创立。DISC这四个字母分别代表4种行为模式：Dominance（支配型）、Influence（影响型）、Steadiness（稳定型）、Compliance（服从型）。

DISC行为方式测试（性格测试）的核心思想是：行为方式不同，与之匹配的职位不同。所以它被广泛应用于员工招聘。DISC行为方式测试（性格测试）没有好坏之分，仅仅是让大家更了解自己及家人，能更愉快地相处与陪伴彼此。

在下面的每一个大标题中，只选择一个最符合你自己的选项，一共40题，不能遗漏，最后统计自己所选择的字母数目。

注意：请按第一印象选择，如果不能确定，可回忆童年时的情况，或者以你最熟悉的人对你的评价来进行选择。

一

1.富于冒险：愿意面对新事物并敢于下决心掌握的人；D

2.适应力强：能轻松自如地适应任何环境；S

3.生动：充满活力，表情生动，多手势；I

4.善于分析：喜欢研究各部分之间的逻辑和正确的关系。C

二

1.坚持不懈：要完成现有的事才能做新的事情；C

2.喜好娱乐：开心，充满乐趣与幽默感；I

3.善于说服：用逻辑和事实而不是威严和权力服人；D

4.平和：在冲突中不受干扰，保持平静。S

三

1.顺服：易接受他人的观点和喜好，不坚持己见；S

2.自我牺牲：为他人利益愿意放弃个人意见；C

3.善于社交：认为与人相处是好玩的事，而不是挑战或者商业机会；I

4.意志坚定：决心以自己的方式做事。D

四

1.使人认同：因人格魅力或性格使人认同；I

2.体贴：关心别人的感受与需要；C

3.竞争性：把一切当作竞赛，总是有强烈的赢的欲望；D

4.自控性：控制自己的情感，极少流露。S

五

1.使人振作：给他人清新振奋的刺激；I

2.尊重他人：对人诚实尊重；C

3.善于应变：对任何情况都能做出有效的反应；D

4.含蓄：自我约束情绪与热忱。S

六

1.生机勃勃：充满生命力与兴奋；I

2.满足：容易接受任何情况与环境；S

3.敏感：对周围的人和事过分关心；C

4.自立：独立性强，只依靠自己的能力、判断与才智。D

七

1.计划者：先做详尽的计划，并严格按照计划进行，不想改动；C

2.耐性：不因延误而懊恼，冷静且能容忍；S

3.积极：相信自己有转危为安的能力；D

4.推动者：动用性格魅力或鼓励别人参与。I

八

1.肯定：自信，极少犹豫或者动摇；D

2.无拘无束：不喜欢预先计划，或者被计划牵制；I

3.羞涩：安静，不善于交谈；S

4.有时间性：生活处事依靠时间表，不喜欢计划被人干扰。C

九

1.迁就：改变自己以与他人协调，短时间内按他人要求行事；S

2.井井有条：有系统、有条理地安排事情的人；C

3.坦率：毫无保留，坦率发言；I

4.乐观：令他人和自己相信任何事情都会好转。D

十

1.强迫性：发号施令，强迫他人听从；D

2.忠诚：一贯可靠，忠心不移，有时毫无根据地奉献；C

3.有趣：风趣，幽默，能把任何事物变成精彩的故事；I

4.友善：不主动交谈，不爱争论。S

十一

1.勇敢：敢于冒险，无所畏惧；D

2.体贴：待人得体，有耐心；S

3.注意细节：观察入微，做事情有条不紊；C

4.可爱：开心，与他人相处时充满乐趣。I

十二

1.令人开心：充满活力，并将快乐传于他人；I

2.文化修养：对艺术学术情有独钟，如戏剧、交响乐；C

3.自信：确信自己的个人能力，相信自己会成功；D

4.贯彻始终：情绪平稳，做事情坚持不懈。S

十三

1.理想主义：以自己完美的标准来设想、衡量新事物；C

2.独立：自给自足，独立自信，不需要他人帮忙；D

3.无攻击性：不说或者做可能引起别人不满和反对的事情；S

4.富有激励：鼓励别人参与、加入，并把每件事情变得有趣。I

十四

1.感情外露：从不掩饰情感、喜好，交谈时常身不由己地接触他人；I

2.深沉：深刻并常常内省，对肤浅的交谈、消遣会感到厌恶；C

3.果断：有很快做出判断与结论的能力；D

4.幽默：语气平和而又冷静的幽默。S

十五

1.调解者：经常居中调解不同的意见，以避免双方的冲突；S

2.音乐性：爱好参与并有较深的鉴赏能力，因音乐的艺术性，而不是因为表演的乐趣；C

3.发起人：高效率的推动者，是他人的领导者，闲不住；D

4.喜交朋友：喜欢周旋于聚会中，善交新朋友，不把任何人当陌生人。I

十六

1.考虑周到：善解人意，帮助他人，记住特别的日子；C

2.执着：不达目的，誓不罢休；D

3.多言：不断地说话、讲笑话以娱乐他人，觉得应该避免沉默而带来的尴尬；I

4.容忍：易接受别人的想法和看法，不需要反对或改变他人。S

十七

1.聆听者：愿意听别人倾诉；S

2.忠心：对自己的理想、朋友、工作都绝对忠实，有时甚至不需要理由；C

3.领导者：天生的领导，不相信别人的能力能比得上自己；D

4.活力充沛：充满活力，精力充沛。I

十八

1.知足：满足自己拥有的，很少羡慕别人；S

2.首领：要求领导地位及别人跟随；D

3.制图者：用图表数字来组织生活，解决问题；C

4.惹人喜爱：人们关注的焦点，令人喜欢。I

十九

1.完美主义者：对自己、他人都用高标准要求，要求一切事物都要有秩序；C

2.和气：易相处，易让人接近；S

3.勤劳：不停地工作以完成任务，不愿意休息；D

4.受欢迎：聚会时的灵魂人物，受欢迎的宾客。I

二十

1.跳跃性：充满活力和生气勃勃；I

2.无畏：大胆前进，不怕冒险；D

3.规范性：时时坚持自己的举止合乎认同的道德规范；C

4.平衡：稳定，走中间路线。S

二十一

1.乏味：死气沉沉，缺乏生气；S

2.忸怩：躲避别人的注意力，在众人注意下不自然；C

3.露骨：好表现，华而不实，声音大；I

4.专横：喜命令支配，有时略显傲慢。D

二十二

1.散漫：生活任性无秩序；I

2.无同情心：不易理解别人的问题和麻烦；D

3.缺乏热情：不易兴奋，经常感到好事难做；S

4.不宽恕：不易宽恕和忘记别人对自己的伤害，易嫉妒。C

二十三

1.保留：不愿意参与，尤其是当事情复杂时；S

2.怨恨：经常把实际或者自己想象的别人的冒犯放在心中；C

3.逆反：抗拒，或者拒不接受别人的方法，固执己见；D

4.唠叨：重复讲同一件事情或故事，忘记自己已经重复多次，总是不断找话题说话。I

二十四

1.挑剔：关注琐事、细节，总喜欢挑不足；C

2.胆小：经常感到强烈的担心、焦虑、悲戚；S

3.健忘：缺乏自我约束，导致健忘，不愿意回忆无趣的事情；I

4.率直：直言不讳，直接表达自己的看法。D

二十五

1.没耐性：难以忍受等待别人；D

2.无安全感：感到担心且无自信心；S

3.优柔寡断：很难做决定；C

4.好插嘴：一个滔滔不绝的发言人，不是好听众，不注意别人说的话。I

二十六

1.不受欢迎：由于强烈要求完美而拒人千里；C

2.不参与：不愿意加入，不参与，对他人生活不感兴趣；S

3.难预测：时而兴奋，时而低落，或总是不兑现诺言；I

4.缺乏同情心：很难当众表达对弱者或者受难者的情感。D

二十七

1.固执：坚持按照自己的意见行事，不听不同意见；D

2.随兴：做事情没有一贯性，随意做事情；I

3.难以取悦：因为要求太高而使别人很难取悦；C

4.行动迟缓：迟迟才行动，不易参与或者行动总是慢半拍。S

二十八

1.平淡：平实淡漠，中间路线，无高低之分，很少表露情感；S

2.悲观：尽管期待最好但往往首先看到事物的不利之处；C

3.自负：自我评价高，认为自己是最好的人选；D

4.放任：许他人做他喜欢做的事情，为的是讨好他人，令他人鼓吹自己。I

二十九

1.易怒：善变，孩子性格，易激动，过后马上就忘了；I

2.无目标：不喜欢目标，也无意定目标；S

3.好争论：易与人争吵，不管对何事都觉得自己是对的；D

4.孤芳自赏：容易感到被疏离，经常没有安全感或担心别人不喜欢和自己相处。C

三十

1.天真：孩子般的单纯，不理解生命的真谛；I

2.消极：往往看到事物的消极面和阴暗面，而少有积极的态度；C

3.鲁莽：充满自信，有胆识，但总是不恰当；D

4.冷漠：漠不关心，得过且过。S

三十一

1.担忧：时时感到不确定、焦虑、心烦；S

2.不善交际：总喜欢挑人毛病，不被人喜欢；C

3.工作狂：为了回报或者说成就感，而不是为了完美，因而制定雄伟目标不断工作，耻于休息。D

4.喜获认同：需要旁人认同赞赏，像演员。I

三十二

1.过分敏感：对事物过分反应，被人误解时感到被冒犯；C

2.莽撞：经常用冒犯或考虑不周的方式表达自己；D

3.胆怯：遇到困难时选择退缩；S

4.喋喋不休：难以自控，滔滔不绝，不能倾听别人。I

三十三

1.腼腆：事事不确定，对所做的事情缺乏信心；S

2.生活紊乱：缺乏安排生活的能力；I

3.跋扈：冲动地控制事物和别人，指挥他人；D

4.抑郁：常常情绪低落。C

三十四

1.缺乏毅力：反复无常，互相矛盾，情绪与行动不合逻辑；I

2.内向：活在自己的世界里，把思想和兴趣放在心里；C

3.不容忍：不能忍受他人的观点、态度和做事的方式；D

4.无异议：对很多事情漠不关心。S

三十五

1.杂乱无章：生活环境无秩序，经常找不到东西；I

2.情绪化：情绪不易高涨，感到不被欣赏时很容易低落；C

3.喃喃自语：低声说话，不在乎说不清楚；S

4.喜操纵：精明处事，操纵事情，使其对自己有利。D

三十六

1.缓慢：行动思想均比较慢，过分麻烦；S

2.顽固：决心依自己的意愿行事，不易被说服；D

3.好表现：要吸引人，需要自己成为被人注意的中心；I

4.有戒心：不易相信，对语言背后真正的动机存在疑问。C

三十七

1.孤僻：需要大量的时间独处，避开人群；C

2.统治欲：毫不犹豫地表现自己的控制能力；D

3.懒惰：总是先估量事情要耗费多少精力，能不做最好；S

4.大嗓门：说话声和笑声总盖过他人。I

三十八

1.拖延：做事起步慢，需要推动力；S

2.多疑：对任何事都表示怀疑，不相信别人；C

3.易怒：易烦躁和发怒；D

4.不专注：无法专心致志或者集中精力。I

三十九

1.报复性：记恨并惩罚冒犯自己的人；C

2.烦躁：喜新厌旧，不喜欢长时间做相同的事情；I

3.勉强：不愿意参与或者投入；S

4.轻率：因没有耐心、不经思考而草率行动。D

四十

1.妥协：为避免矛盾，即使自己是对的也不惜放弃自己的立场；S

2.好批评：不断地衡量和下判断，经常考虑提出反对意见；C

3.精明：总是有办法达到目的；D

4.善变：像孩子般注意力短暂，需要各种变化，怕无聊。I

将以上的选择做一个统计，并记在括号内。

D-（ ） I-（ ） S-（ ） C-（ ）

测试结果的使用说明：

计算你的各项得分，超过10分称为显性因子，可以作为性格测评的判断依据。低于10分称为隐性因子，对性格测评没有实际指导意义，可以忽略。如果有两项及以上得分超过10分，说明你同时具备那两项特征。

Dominance（支配型/控制者）

高D型特质的人可以被称为"天生的领袖"。

在情感方面，D型是一个坚定果敢的人，酷好变化，喜欢控制，干劲十足，独立自主，超级自信。可是，由于较不会顾及别人的感受，所以显得粗鲁、霸道、没有耐心、穷追不舍、不会放松。D型人不习惯与别人进行情感上的交流，不会恭维人，不喜欢眼泪，同情心匮乏。

在工作方面，D型是一个务实和讲究效率的人，目标明确，眼光全面，组织力强，行动迅速，解决问题不过夜，果敢，坚持到底，在反对声中成长。但是，因为过于强调结果，D型往往容易忽视细节，处理问题不够细致。爱管人、喜欢支使他人的特点使得D型能够带动团队进步，但也容易激起同事的反感。

在人际关系方面，D型喜欢为别人做主，虽然这样能够帮助别人做出选择，但也容易让人有强迫感。由于关注自己的目标，D型在乎的是别人的可利用价值。D型喜欢控制别人，不会说对不起。

描述性词语：

积极进取、争强好胜、强势、爱追根究底、直截了当、主动的开拓者、坚持己见、自信、直率

Influence（活泼型 / 社交者）

高I型的人通常是较为活泼的团队活动组织者

I型是情感丰富而外露的，由于性格活跃，爱说，爱讲故事，幽默，能抓住听众，常常是聚会的中心人物。I型是一个天才的演员，天真无邪，热情诚挚，喜欢送礼和接受礼物，看重人缘。情绪化的特点使得他容易兴奋，喜欢吹牛、说大话，天真，永远长不大，富有喜剧色彩。但是，I型似乎也很容易生气，爱抱怨，大嗓门，不成熟。

在工作方面，I型是一个热情的推动者，总有新主意，说干就干，能够鼓励和带领他人一起积极投入工作。可是，I型似乎总是情绪决定一切，想到哪儿说哪儿，而且说得多干得少，遇到困难容易失去信心，杂乱无章，做事不彻底，爱走神儿，爱找借口。喜欢轻松友好的环境，非常害怕被拒绝。

在人际关系方面，I型容易交上朋友，他的朋友也多。他会关爱朋友，也被朋友称赞。爱当主角，爱受欢迎，喜欢控制谈话内容。可是，喜欢即兴表演的特点使得I型人常常不能仔细理解别人，而且健忘多变。

描述性词语：

有影响力、有说服力、友好、善于言辞、健谈、乐观积极、善于交际

Steadiness（稳定型／支持者）

高S型的人通常较为平和，知足常乐，不愿意主动前进

在情感方面，S型是一个温和主义者，悠闲，平和，有耐心，感情内敛，待人和蔼，乐于倾听，遇事冷静，随遇而安。S型喜欢使用一句口头禅："不过如此。"这个特点使得S型总是缺乏热情，不愿改变。

在工作方面，S型能够按部就班地管理事务，可以胜任自己的工作，并能够持之以恒。奉行中庸之道，平和可亲，一方

面习惯于避免冲突，另一方面也能处变不惊。但是，S型似乎总是慢吞吞的，很难被鼓动，懒惰，马虎，得过且过。由于害怕承担风险和责任，宁愿站在一边旁观。很多时候，S型总是没有主意，有话不说，或折中处理。

在人际关系方面，S型容易相处，喜欢观察人、琢磨人，乐于倾听，愿意表示支持。可是，由于不以为然，S型也可能显得漠不关心，或者嘲讽别人。

描述性词语：

可靠、深思熟虑、亲切友好、有毅力、坚持不懈、善于倾听、全面周到、自制力强

Compliance（完美型/服从者）

高C型的人通常是喜欢追求完美的专业型人才

在情感方面，C型是性格深沉的人，严肃认真，目的性强，善于分析，愿意思考人生与工作的意义，喜欢美好的事物，对他人敏感，理想主义者。但是，C型总是习惯于记住负面的东西，容易情绪低落，过分自我反省、自我贬低，离群索居，有忧郁症倾向。

在工作方面，C型是一个完美主义者，高标准，计划性强，注重细节，讲究条理，整洁，能够发现问题并制定解决问题的办法，喜欢图表和清单，坚持己见，善始善终。但是，C型也

可能是一个优柔寡断的人，习惯于收集信息资料和分析，却很难投入实际的工作中去。容易自我否定，因此需要别人的认同。同时，也习惯于挑剔别人，不能忍受别人的工作做不好。

在人际关系方面，C型一方面寻找理想伙伴，另一方面却又交友谨慎。能够深切地关怀他人，善于倾听抱怨，帮助别人解决困难。但是，C型似乎始终有一种不安全感，以至于感情内向，退缩，怀疑别人，喜欢批评人、事，却不喜欢别人的反对。

描述性词语：

遵从、仔细、有条不紊、严谨、准确、完美主义者、逻辑性强

1.3 认同、接纳和赞赏与骄纵的区别

我在上接纳课程时，老师问了一个问题："如果你回家时，听到孩子说'妈妈，我不想写作业了'，你会怎么做？"

父母们的答案各不相同，有的说"我估计要'河东狮吼'了"，有的说"这怕是要家法伺候啊"，还有的说"我会问问孩子，他为什么不想写作业？"

听了父母们的回答后，老师突然话锋一转："如果你带孩子带烦了，你先生回家的时候，你跟他说'老公，我不想带孩子了'，你期待先生也对你怒气冲冲的吗？"

大家很有画面感地大笑起来，我心想，敢这样说话的老公，岂不是等着要被老婆打死？

玩笑归玩笑，当我们如此跟老公倾诉时，我们希望得到的是什么？当然是希望老公可以接纳和理解我们的情绪，知道我们的困难，能抱一抱并安慰我们说：没关系，累了可以休息一下。可面对孩子的抱怨时，我们却从来没有设身处地地为他们

着想过，没有想过要理解并接纳他们的情绪。

也许有很多父母跟我一样，读过很多亲子家教类的书，很担心我们对孩子的接纳会一不小心变成对孩子的骄纵，从而失去了我们教育的原则。可实际上，接纳、赞赏与骄纵还是有很大的区别的，在现实生活中，它们很好区分和实践。

骄纵，是指对孩子无底线的娇惯和放纵，无论他做了什么错事，父母都不会指出——有的父母怕自己对孩子的管束会让孩子不再爱他们；有的父母因为没有时间陪孩子，在面对孩子的错误时，为了不影响彼此的关系，就选择顺着他们。

其实，在接纳与骄纵之间，需要父母与孩子共同承担、共同进退。比如，我家小宝把颜料盒打翻了，这时，我虽然很生气，但是我从来不责骂她，而是让她自己清理。如果她不会，我会教她怎么清理，而不是让她站在旁边看我替她打扫卫生。

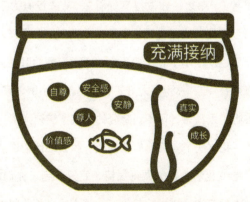

（有安全感、被父母接纳的孩子所拥有的美好品质）

我们除了要理解孩子的情绪，还要尊重和赞赏孩子的选择。用一句大家耳熟能详的话说，就是"爱是如他所是"。我们要尊重孩子的节奏，不用责备、抱怨的方式去催促孩子；我们要尊重孩子对自己物品的所有权和支配权，不以我们自己的道德观劝说甚至命令孩子分享他自己的东西。孩子专注于某件事情时，我们不要去打扰他，让他按照自己的时间和意愿完成。

说起对孩子的赞赏，很多人会觉得很简单，但其实真的没有那么简单。我们常常会对孩子说"哇，宝宝你好棒！你做得真好"。但有一段时间，我发现无论我怎么夸我家二宝，他都无精打采。我问他原因，他说老师和爷爷也常常这样夸他，但他还是学习成绩不好，所以他觉得没什么值得高兴的。

后来，我反思自己夸赞他的方式，觉得确实有点儿敷衍。通常，我只是泛泛地夸他做得好，比如"哇，弟弟你进步了。弟弟你真棒""弟弟，你做得真好看"，从来没有为了某项具体的事而夸赞他，这样会让他不知道自己哪里做得好，夸赞所起到的作用也就很小了。比如我家妹妹学钢琴的时候，最开始我常常夸她："哇，你弹得太好了，可真是个小钢琴家。"刚开始，小宝听了很高兴，可不到两分钟她就不继续弹了。

后来，我改变了夸奖他们的方式。我会跟他们说"哇！房间有很大的变化啊，你们做得很棒，妈妈看到了你们的努力。我看到地上的笔和橡皮都捡起来了，脏衣服也都收起来了，但是地板上有很多渣滓，你们还没有打扫干净，下次是不是可以打扫得再细致一些呢？你们让我非常满意，走进房间的时候，我感觉很清爽"。当我指出这些细节的时候，孩子们常常表现得特别兴奋，因为妈妈看到了他们努力的细节。

小宝练习钢琴的时候，我会这样夸她："呀，你的手指头没有打弯呢，看来你注意到了自己的问题。老师讲的你也都听进去并记住了，真棒！今天你练习得真不错，妈妈觉得你很努力。"听了我这样的夸奖，小宝很高兴，更加努力地练习她的指法。

但我们在夸孩子的时候，有两个误区需要注意：

误区一：

在我们很忙的时候，我们会把夸奖的时间延后。但当两个孩子打架时，无论我们有多忙，都会放下手头的工作，处理他们之间的矛盾。这样做的结果,无疑给孩子们传递出一个信号：要引起忙碌的爸爸妈妈的注意，最快的方式就是犯错误。

所以，平时不管我们有多忙，当孩子做了正确的事情的时候，一定要及时夸奖他们,因为及时夸奖，会让他们对自己更有信心，而不及时的夸奖，会让孩子怀疑自己没有能力做得更好。

赞赏孩子，并不是要求孩子做得尽善尽美，只是要求他们不断进步。而且，赞赏不是要求我们去看结果，而是关注

孩子的改变过程。

误区二:

当孩子考了100分的时候,我们的第一反应通常是高兴,但接下来就会问孩子班上有多少人考了100分,并琢磨孩子的这个100分的含金量有多高?可是考100分真的很难,不管这个100分有多少同学得到,这都是孩子努力的成果。对他来说,这是很不容易的事情,我们一定要夸奖他。

但为了不让孩子因为考了100分而骄傲,我们就要夸奖他的努力、策略和选择,不能夸奖他们的天赋,如果夸奖孩子的天赋,就是在用缓慢的方式扼杀他们的成长型思维。

为了不让大家在夸孩子中走进误区,我给大家分享斯坦福教授研究出的夸奖孩子品格的12种语境表扬方式,希望大家能正确使用:

1.表扬努力——"孩子,你真努力啊!"

孩子们展示他们的好成绩时,不要过度开心,也不要说他"聪明",而是肯定他平时认真听课和写作业,才取得了这样好的成果,他的努力得到了回报。

2.表扬毅力——"这很难,但是你一直坚持不懈!"

当孩子完成了一些有挑战性的事情时,比如完成了攀岩,解出一道难题,或拼出一个很难的拼图时,要肯定他的耐心和毅力。

3.表扬态度——"宝贝，你做事的态度很好，很认真呀！"

当孩子非常积极认真地完成一项任务时，比如打扫了自己房间的卫生，我们要赞赏他们积极的态度。

4.表扬细节——"你的字不再潦草了，比上次有了很大的进步！"

当孩子的某种能力有所提高时，我们一定要表扬提高的细节，越具体越好。例如孩子的试卷发了下来，虽然成绩没有达到预期，也要从中找出孩子进步的细节，比如夸奖他的字写得越来越好了，卷面整洁了很多。

5.表扬创意——"你这种做法真的很有新意。"

当孩子有了某种"创造"时，我们会认为孩子聪明，是个天才。但孩子所表现出来的"天才行为"，其实只是创造性和思维的积累，当孩子尝试了很多次后，会脑洞大开。所以，我们表扬孩子，只表扬孩子的创意了，夸他聪明，反而会害了他。

6.表扬合作精神——"你能和小朋友一块儿完成拼图真棒！"

一个人的能力是有限的，能和别人合作完成一项任务，说明孩子具有良好的沟通能力和协调能力。这个时候夸赞孩子的合作精神，能增强他对团队合作的信心。

7.表扬领导能力——"这件事，你带大家做得很好。"

孩子的年龄虽然小，但在集体中，他会显露一些管理能力，如果父母能抓住这点来表扬孩子，能让他意识到自己对团队的影响力和领导力。

8.表扬勇气——"你做事一点儿都不退缩，真是个勇敢的孩子！"

表扬孩子有勇气，能提升孩子的力量感与做事不瞻前顾后的习惯。

9.表扬信用——"你实践了之前所做的承诺，真是个讲信用的人！"

诚信是做人之本，孩子讲信用，能让他在社会中更好地立足。我们要抓住时机，针对孩子在生活中的一点儿小事来表扬他，让他对自己讲信用感到自豪。

10.表扬谦虚和开放——"你能尊重别人的想法，做得不错。"

孩子能虚心接受别人的意见，可以从别人那里得到好的想法和意见，提升自己的开放包容能力。

11.表扬选择——"我很开心，你能对立做出选择。"

选择比努力更重要，孩子能有好成绩，不仅因为他付出了很大的努力，更重要的是他选择了做对的事。选择能力，是孩子成长性思维的关键。

12.表扬细心——"你能从细微之处考虑，真是个细心的孩子！"

能在一些小事上考虑周全，说明孩子在多角度地思考问题。

细心的孩子总会把自己的学习和生活打理得井井有条，比如他会把上学要带的东西提前装进书包里。在这种细小的问题上表扬孩子，能够造就他细腻的性格。

1.4 慢就是快，让孩子在自己的时区里成长

New York is 3 hours ahead of California,

but it does not make California slow.

Someone graduated at the age of 22,

but waited 5 years before securing a good job!

Someone became a CEO at 25,

and died at 50.

While another became a CEO at 50,

and lived to 90 years.

Someone is still single,

while someone else got married.

Obama retires at 55,

but Trump starts at 70.

Absolutely everyone in this world works based on their Time Zone.

People around you might seem to go ahead of you,

some might seem to be behind you.

But everyone is running their own RACE, in their

own TIME.

Don't envy them or mock them.

They are in their TIME ZONE, and you are in

yours!

Life is about waiting for the right moment to act.

So, RELAX.

You're not LATE.

You're not EARLY.

You are very much ON TIME, and in your TIME

ZONE Destiny set up for you.

译文：

纽约时间比加州时间早3个小时，

但加州时间并没有变慢。

有人22岁就毕业了，

但等了5年才找到好的工作！

有人25岁就当上CEO，

却在50岁去世。

也有人迟到50岁才当上CEO，

然后活到90岁。

有人依然单身，

同时也有人已婚。

奥巴马55岁就退休，

特朗普70岁才开始当总统。

世上每个人本来就有自己的发展时区。

身边有些人看似走在你前面，

也有人看似走在你后面。

但其实每个人在自己的时区都有自己的步伐。

不用嫉妒或嘲笑他们。

他们都在自己的时区里，你也是！

生命就是等待正确的行动时机。

所以，放轻松。

你没有落后。

你没有领先。

在命运为你安排的属于自己的时区里，一切都准时。

　　我每次读这首小诗时，都会感动不已，因为它让我知道了，我们每个人都有自己的人生轨迹，所以没必要去羡慕别人，也没必要去追寻别人的脚步。同样，我们的孩子也有自己的成长方式和成长时区，我们没必要强迫孩子，让孩子按他们的节奏成长就好。

我家是说3种语言的国际家庭，所以每次都有人问我："他们的英语是不是特别好？"我只能哭笑不得地说："他们的母语是中文。"而且因为我们家是多语种家庭，孩子们几乎都是在2岁半才开始说词语的。在小宝语言敏感期，我们家从芬兰搬到了中国，直到6岁她上小学时，还口齿不清得像个三四岁的孩子。当然，我也见过别人家的孩子在三四岁的时候，就可以无衔接切换三四种语言。

可是，即便我家的孩子说话比别人家的孩子晚，就代表我的孩子不行吗？

当然不是！在期望效应下，孩子总会如我们所言——如果我们常常对他们表示失望，那么未来的他们可能就会朝着不好的方向发展，变成一个坏孩子。但如果我们时常表扬他们，他们就能成为优秀的孩子。

每个孩子的身体状况都不同，他们长身体的时间段也不一样。比如有的孩子在三年级时，就长得人高马大，但是有的孩子却身材矮小，和同学不像一个年龄段的人。

另外，在学习方面，每个孩子也不一样。我家弟弟在刚上学时，让我非常失望。我原来总想着哥哥的学习成绩不错，弟弟看起来比哥哥更古灵精怪，学习一定差不了。可没想到他根本就不愿好好学习，连最基本的作业都不肯好好做。但是当我读到这首小诗时，我明白人和人真的就像生活中不同的时区——哥哥的学习成绩好，是因为哥哥的性格比较沉稳，而弟弟性格活泼，很难像哥哥那样安静地坐下来，所以他们俩才有如此大的差异。

前段时间，网络上流行一首小诗——《牵一只蜗牛去散步》，这首诗就是在告诉我们教育孩子就像牵着一只蜗牛在散步。陪他一起走过孩提时代和青春岁月，虽然我们会时常被气得失去耐心，然而孩子却在不知不觉中，向我们展示了生命中最美好、最纯真的一面。所以，让孩子在自己的时区里自由、快乐地成长，不揠苗助长，我相信每一个孩子都是上天赐给我们的礼物。

当然，虽然他们有自己的成长节奏，但是我们也要为他们做一些事，让他们不至于跟不上成长的脚步。

1.在孩子的各种敏感期培养他们的好习惯。

孩子的吃饭问题一直是很多父母极为头疼的事。比如我家妹妹10个月大的时候，我会在地面上铺好报纸，用儿童餐具为她盛好饭，让她坐在小餐椅上跟我们一起吃，她就慢慢学会了自己吃饭。很多国内的朋友羡慕地说："你家孩子好乖，都不用喂饭。我们天天追在我们家的小祖宗屁股后面，什么招数都用了，他还是不吃，真是心力交瘁……"

孩子8～10个月的时候，会出现吃饭敏感期。这个时候，他会对食物产生浓厚的兴趣，和大人抢餐具，自己把食物直接往嘴里送。这时，我们千万不要怕收拾残局，一定要把餐具给孩子，因为这是我们帮助孩子养成独立吃饭习惯的最佳时期。

我们不要以为追着孩子喂饭是为了孩子好，不追着喂他就不好好吃。其实，吃饭是人类的本能，每一个孩子都是吃货——很少有孩子不会吃很多零食；没有一个孩子看到别人嘴动的时候不好奇；没有一个孩子看到美食时，不会食欲大开。

所以，我们应该停掉孩子的零食，让他们在三餐的时间点和大人一起吃饭，如果两个饭点之间要加餐，只是适当给他吃一点儿酸奶或水果即可，不要让孩子嘴巴里总是不停地嚼东西，也不要让孩子的胃永远处于满满的状态。

让孩子忍受一点儿饥饿，他们才能保有对食物的渴望，除此之外，孩子在穿衣服、穿鞋子、叠被子时也都保有热情。我们不要让孩子天生的本能，变成掌控大人喜怒哀乐的工具。

打扫卫生、洗衣服、餐桌礼仪、社交礼仪、认字、学数学等方面，都有产生兴趣的阶段，那时就是培养孩子好习惯的最佳时机。

2.给予孩子清晰的指导和明确的指令。

父母常常期待孩子去完成"他应该会"的任务。比如我家孩子们打扫卫生时，怎么也打扫不干净，每次检查他们的房间，不是地上有衣物，就是桌面乱七八糟。后来，我们总结经验教训，才发现我从来没有跟他们讲过该怎么整理房间，只是觉得他们在学校被老师教过，他们看我们做的时候"应该都看会"了。

可是，没有人天生就会收拾房间，这是一项技能。所以，在一次家庭会议之后，我把孩子们叫到了一起，亲自给他们示范怎么打扫卫生，告诉他们整理房间的标准：什么样子的是脏衣服，应该放到哪里，看起来还很干净的衣服应该放到哪里，学习用具和玩具应该放到哪里，书本应该怎么分类，放到书架哪里，怎么用吸尘器清扫地板……

在我的清晰指导下，不久后，孩子们果然又快又好地完成了打扫房间的任务。

3. 教他们用有趣的方式完成任务。

做游戏是孩子认识世界最快的方法。所以，我们在让孩子完成派给他们的任务时，不妨用有趣的游戏的方式。比如我经常跟他们用游戏的语言交流——"小动物们要回到他们红色的玩具箱家里，要求是火箭速度！""小汽车集结令下达，3分钟后在玩具箱里集合！""娃娃们要聚会了，请迅速为她们梳妆打扮，然后把她们送回家里去！对了，娃娃家里也需要打扫卫生呢，你可以帮忙吗？"

......

　　另外，在孩子的敏感期训练他们吃饭、如厕、穿脱衣服时，我们还可以借助绘本、角色扮演等方式，让孩子们在轻松的气氛下学习技能，并将之内化为他们的生活习惯。

　　不管孩子的生活技能、社交技能和清洁、整理的能力提高了多少，其实这些事情都是他们应该做的，所以我们不需要用非常夸张的语言表扬他们，更不能简单地说一句"你好棒！"当然，赞赏他们是必不可少的，只要具体地表扬他们哪些方面做得好，这样的赞赏就是有效的，可以更好地激发他们前进。

1.5　真正地接纳，才能为孩子带来真正的自信

　　我们经常能在网上看到青少年自杀的新闻。前段时间，就有一个17岁的少年，因为无法忍受妈妈的痛骂，在一气之下就跳下了高架桥。孩子跳桥的原因，只是因为自己在学校和同学发生了矛盾，妈妈在车里批评了儿子，儿子忍受不了便自寻短见。

　　母亲很自责，觉得自己要是早知道儿子会这么做的话，就不会批评儿子了，现在说什么都晚了，她很后悔。

　　自杀是中国15～34岁人群主要的死亡原因之一。15～24岁的自杀人数占自杀总人数的26.64%，5～14岁的少年儿童自杀人数占自杀总人数的1.02%（1988年）。而且这个年龄段的自杀人数还在呈上升趋势。如果以60万人为基数，5～24岁的自杀人数每年竟高达15万以上。同时，中国每年大约有13.5万未成年的孩子经历了母亲或父亲死于自杀的伤痛。

　　一项调查显示，上海有24.39%的中小学生曾有一闪而过

的"结束自己生命"的想法，认真考虑过该想法的人，也占到了15.23%，更有5.85%的孩子曾计划自杀，1.71%的中小学生自杀未遂。另外一项调查发现，将近1/3的在校大学生曾有过自杀念头。北京大学生自杀率在9~24/10万之间，即自杀死亡已占大学生非正常死亡的61.38%。

另外，父爱缺失已经成为令人惊心动魄的全球化问题，全球40%的儿童没有与自己的亲生父亲生活在一起。在全球自杀者统计中，有63%的自杀者来自无父亲的家庭，80%的强奸犯最初的动机是为宣泄因无父家庭所产生的愤怒，全世界85%的儿童行为问题产生于无父亲家庭，70%的少年犯来自无父亲家庭……

孩子在敌意中长大，学会的只能是争斗；在批评中长大，学会的是怪罪别人；在讥笑中长大，学到的是害羞；在羞辱中长大，甚至一生都生活在罪恶感中。

在我们现在的家庭结构中，有的是老人帮忙带孩子，年轻人要么工作繁忙，要么不想带孩子；有的是年轻的母亲在家带孩子，却得不到家人的认可，而罹患产后抑郁症；也有的年轻父母因为工作忙碌，经常加班、出差，就把孩子交给保姆，甚至将小小的孩子送去寄宿学校。这些家庭往往是婚姻关系不和谐，每个人的状态都是手捧一部手机，各刷各的抖音、快手……

这种忽略，会对孩子的成长造成以下的影响：

容易对游戏或其他某些事情上瘾；

没有判断是非对错的能力；

发生问题时，不知该向谁求助；

想要通过捣乱引起家人的关注；

内心逆反、自卑，缺乏目标和动力；

早早地关上心门，成为"问题儿童"。

……

孩子开始叛逆，其实只是为了传递一个信息——他在表达他的不满，所以父母的一些教育方式必须要改变。只有在亲密的家庭关系中，孩子才会听话；而在恶劣的家庭关系中，孩子只能越来越叛逆。

在我们尝试改变亲子关系前，也许更多地先需要梳理一下自己的原生家庭关系，梳理一下我们不愿接纳孩子的更深层原因。我们常常说原生家庭问题，想到更多的是我们不被自己的父母所接纳，而反过来想，我们是否接纳了自己的原生家庭呢？我们是否接纳了自己，是否能感受到别人对自己的接纳？除了对孩子，我们对家庭中其他成员是否完全接纳？他们是否能感受到你的接纳？

当我们感受到不被接纳时，会有各种负面情绪和行为表现出来，比如恐惧，没有安全感，觉得自己活得毫无价值。于是，我们会拼命折腾，用自大掩盖内心那个自卑的自己，用撒谎来赢得别人的认可。

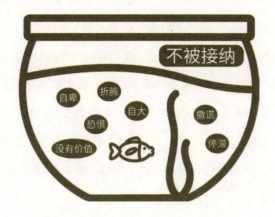

　　真爱是无条件的，我们爱孩子，不会因为孩子的表现而减少对他的爱。但在现实中，我们却常常会因为孩子表现得不好而冷落孩子，也会因为孩子表现得好而对他热切。

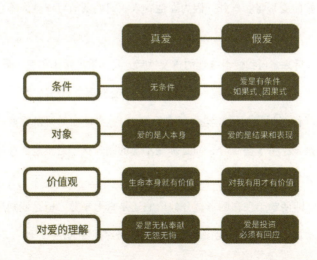

之前我家二宝经常考70分，但是我不愿意接受他70分的成绩，因为哥哥考得最差的一次也有90分。那时候，老师经常打电话给我，说他不写作业。但是我的工作很忙，只能把他交给保姆或者是我的父母来带，所以没时间管他写作业。

　　每次保姆或者父母都拍着胸脯说，他们盯着弟弟把作业写完了，但是第二天老师依然打电话过来向我"告状"，所以那段时间我非常崩溃。有一次，弟弟又考了70分，我打了他的屁股，但是没想到期中考试的时候，他直接拿了0分的考卷回家。

　　我跟他说："弟弟，妈妈真的不知道该用什么样的办法管教你了，你去寄宿学校读书吧。"听到这话，孩子感到很害怕。我现在回想那个时候的他，心里该有多恐惧啊，难怪他会觉得妈妈偏爱哥哥和妹妹。因为在他看来，妈妈随时可能就会不要他了。

　　后来，当我懂得接纳的重要性后，我郑重地跟弟弟道了歉，并告诉他："以前是妈妈的错，以后即使你再考70分，我也不会骂你了。我知道其实你一直很努力。"我现在觉得最重要的不是孩子考了多少分，而是那些不会的题，孩子是不是已经都学会了。

　　即便弟弟现在的考试分数依然还是六七十分，但是我知道他很聪明，我知道我很爱他，他考90分是我的儿子，他考50

分依然是我的儿子。他的生命，他对我的重要性，我不会因为他只考了50分，就只给他50分的爱。

现在我依然对他不写作业的行为感到生气，所以我们立下了规矩——如果他不写作业，还为此撒谎，我会打他的屁股。但是打他屁股，仅仅是因为他没写作业，并不代表他不值得被爱了，他依然可以跟我们出去游泳、打球，因为这些快乐的事情，是我们提供给他的，跟他的表现无关，他不需要用行为去争取。

当弟弟的安全感建立起来以后，他确实试探过一两次不写作业，并遭到了惩罚，但很快他就愿意配合了，在没有任何人的监管下，自己也能独自完成作业。尽管现在他还是会考60分、70分，但我依然为他骄傲，因为我知道他自己一直在默默地努力。

有一本绘本叫《你很特别》，书中说："你很特别，我爱你，我欣赏你，就是爱你本来的样子！"我们做父母的就是要把这样一份接纳的爱告诉孩子，让他知道，他是按照他本来的样子被爱的。

在我真的接纳了弟弟以后，我告诉他说，你学不好数学也没有关系，但是你需要的是尽自己最大的努力尝试，而不是在没有努力之前，就相信别人告诉你的话。你要找到自己擅长的、喜欢的事情，妈妈会一直支持你的。

在这之后，弟弟发生了翻天覆地的变化。几个月前，他还在跟我抱怨说他不想去学习街舞，现在突然开始花时间练习做头撑、三角撑那些高难度的动作了——他喜欢上了街舞；他也花时间为妈妈分担家务，暑假期间承担了倒垃圾、为大家做早餐的任务……现在的弟弟，每天都自信满满地以肉眼可见的速度成长着……

每一个孩子都是天使，都值得被爱。我们只有接纳他们，他们才能慢慢改变，茁壮成长。

第二章

和善而坚定：
成就有爱有担当的好孩子

2.1 和善而坚定，说的到底是什么

在我家小宝"可怕的两岁"时期，正是我开始接触"正面管教"的时候，它简直就是我的救星。和善和坚定是正面管教的基石。但在与孩子相处的过程中，我们大多数时候真没办法做到和善。原因是复杂的，甚至是我们所不能察觉的。比如孩子的不依不饶，会让我们觉得自己的权威被挑战了；因为原生家庭中的一些伤害，我们在潜意识中会感觉自己不被尊重，于是用暴躁或反击的方式来保护自己；或者我们会通过掌控孩子，来消除自己没办法做到或完成某些事情的无力感。所以我们常常在自己情绪失控后，对孩子感到愧疚。

坚定不是惩罚，也不是要孩子完全无条件地执行我们让他做的事情。在这个过程中，我们可能会使用不同的方式和方法，尽量让孩子配合我们。

可以是在孩子执行前，为他讲解他的做法的危害性，比如

我们可以告诉他过马路时不可以突然跑到马路中间，过马路时为什么要左看右看……在一些紧急情况下，我们可以跟孩子说："现在没时间跟你解释，但是我需要你配合，稍后我们再解释为什么现在你必须这么做。"这会让孩子觉得自己是在积极参与父母的生活，他们才会有热情和主动性，真的参与到对自己的行为管理中。

学习了这些核心理念之后，每次妹妹坐在地上号哭时，我总是会用温和而坚定的方式化解我的焦虑。我会先温和地跟她说几句，如果她还是继续哭，我就会先离开一会儿，过一会儿再回来……直到她停止哭泣为止。这个过程有时要持续两三个小时，让我筋疲力尽。

这些年，我一直很自豪地认为自己做得很好，觉得我严格地执行了正面管教的基本准则，每次孩子出现哭闹行为时，我都会用温和而坚定的语言告诉她我真实的想法或者解决方案。我一直认为这是一个不断操练和持续培养的过程，不可能一蹴而就。

但几年来，孩子还是常常哭闹，一周闹个三四次，我越来越没耐心，直到我学习了"接纳"的课程，才真正找到我的问题出在了"温和"上——我没有先接纳孩子的情绪，没有与她共情，所以我的温和只是一种假象。

我有一个朋友，她家大宝今年6岁，二宝刚刚2岁多，我们常常相约带着孩子出去玩。有一天，我们一起玩滑板，朋友跃跃欲试地跳上了滑板车，却掌握不好技巧摔了个大跟头，疼得她在地上半天爬不起来。这时候，她家二宝冲过来，一脸关切地问："妈妈，你摔得疼不疼？"而大宝看到摔倒在地的妈妈，一脸严肃地说："看吧，有个坑你都不看，这下摔疼了吧？以后要多看路，别故意往坑里滑！"

我们被大宝这番言论逗得哈哈大笑，不过笑完又陷入了深深的反思中：原来平时他摔倒的时候，我们都是这么"教育"他的呀。我们都知道摔倒会疼，谁都不愿意故意往坑里摔，当我们坐在地上龇牙咧嘴时，我们不需要别人指责我们，我们想要的仅仅是我们所爱的人关切的问候："你摔疼了吗？"然后给我们一个大大的、温暖的拥抱。

所以有了共情作为基础，我改变了对孩子温和的态度，我会先抱住她表示我理解和接纳了她的情绪，再用坚定的方式与她沟通解决的办法。

前段时间，我家三宝跟哥哥们一起去兴趣班，两个哥哥和妹妹的好朋友都在大班，只有她一个人留在中班。她很生气，跑来找我，希望自己也可以去大班。于是我带着她一起去找老师，但老师认为她的年纪还小，而且中班的一位老师是她很喜欢的老师，所以我们劝她说下次等这位老师来上课，她就有好朋友了。

可惜下一次再去上课的时候，那位老师并没有来，来的是一位新老师。妹妹更难过了，趴在我身上怎么也不肯再去上课。有一瞬间，我想带她回家，不上课了，但想想，又希望她可以挑战一下自己，于是我蹲下来抱着她试图去说服她，让她去体验一下课程，努力适应环境。我说："我知道要去自己不喜欢的班里上课意味着什么，而且我也很理解，你没有朋友真的有些无聊。不如我们一起再去找老师问问，看看可不可以去大班上课？"

我们找到老师，询问是否可以加入大班的课程。但老师说大班的课程需要到室外活动，妹妹的体力还跟不上。而且大班只有一位老师，要是照顾妹妹一个人，就没办法照顾其他的孩子了。妹妹听了老师的解释，哭得更凶了。

于是我又抱着安慰她，这时新老师来为她展示了上课的内容，是很有意思的美术创意课。妹妹的眼睛瞟着老师的画，嘴里还是不依不饶。

我坚定地跟她说："妹妹，你可以看着妈妈的眼睛吗？妈妈非常了解你想换班的原因，我们也一起做了努力。但是结果你看到了，对不对？因为大班的课程你的年纪真的没办法适应，所以现在你有三个选择：第一，去中班上课；第二，跟我回家；第三，你可以在旁边看课外书，但是不要打扰别的小朋友上课。"

妹妹噘着嘴想了半天，跟我磨磨叽叽地小声说："我想去上课。"于是我再次带她回到了中班。但这时她看到老师播放的歌曲，忽然又打起退堂鼓，趴在我腿上耍赖地说："我不要唱这首歌，这首歌不好听……你跟老师说换个歌唱……"

我再次蹲下来，温和地跟她说："妹妹，老师已经备好了课，现在是不可能改变上课内容的。如果你真的不喜欢，不能适应这个课程，你还是可以选择跟我回家，或者在旁边看书。但如果你想留下来，就必须安静，不能再哭了，也不能影响老师上课。"

妹妹停止了哭泣，但是趴在我腿上，不肯走到班里去。老师看到我们在门口，再次走过来，妹妹有些紧张地抓着我的手，我轻轻地推了她一把，把她交给老师，虽然她还是咧着嘴一脸哭相，但我朝她笑了笑、点点头，就转身离开了。

下课时，我还有点小担心，却想不到有个快乐的小天使兴奋地朝我扑过来，还为我展示她的作品，告诉我她在班上找到了好朋友……所有的一切都让她兴奋。

"妹妹，有时候勇敢地迈出一步，是不是并不像我们想的那么可怕，反而还有很多惊喜和快乐呀？"我试着引导她。

"嗯。"她开心地点点头。

"下次还来吗？"

"来！"她看着自己手里的作品，一抬头看到她新交的小伙伴在招手，又兴奋起来，"妈妈，我们去玩了。"话音未落，人已经跳进了兴趣班为他们准备的球球池里蹦起来，剩下我们两个中年老母满怀爱意地看着她俩兴奋的身影……

2.2 影响力法则，别说，做就好

1

前几天，我带我家妹妹去拜访一位朋友——她刚生完二宝。她蓬头垢面、打着哈欠来给我们开门，一进门，我就看到了满地的玩具，她不好意思地跟我说："家里太乱了，二宝晚上总是不睡觉，让我一点儿休息的时间都没有。"

话还没说完，她脚下就踩到一个玩具车，差点儿摔倒。可怜的妈妈似乎到了崩溃的边缘，朝着她家大宝就是一顿数落。孩子躲在屋子里一声没吭，从我进门到离开，始终没有看到孩子来跟我们打招呼。就是我给他礼物的时候，妈妈懒洋洋地招呼他来看，他都没有从屋里出来。

从朋友家出来的时候，我特别心疼她，也心疼她家的两个宝宝。妈妈要带两个孩子，明显已经累到了极点，也许还伴随着产后抑郁，实在不能再苛责她要保持良好的心态。可是孩子也很无辜，如果自己不改变自己的心态和生活习惯，长期生活在这样的环境下，孩子的性格发展可想而知。而这境况简直就像是死循环，想要解开这团乱麻，好似无从下手。

我们常说，改变别人最快的方式是改变我们自己。所以看起来无解的乱麻，想要找到打开的线头，关键还在于我们自己要重建家庭的秩序，建立父母的影响力法则。

如果我们在孩子面前不停地玩手机、玩游戏，孩子就会觉得空闲时间就应该用来玩手机、玩游戏。因为他最亲的爸爸妈妈就是这样以身作则的。尤其是我们希望孩子写作业、看书，自己却刷着手机，孩子的心是在他的作业上，还是在你的手机上？他一定特别好奇：爸爸妈妈的手机上都有什么神奇的宝贝，让他们眼睛一刻都停不下来？

所以，如果成人都掌控不好自己的时间，又怎么能要求孩子有良好的时间管理能力呢？我家大宝8岁时，我发现他开始偷偷拿我的手机看，还"质问"我为什么下了班就躺在沙发上刷手机？

他的质问，让我很汗颜，所以从那时候开始，我决定改变这样的生活方式。如果我回家早，他们写完了作业，我们会一起找菜谱学习做蛋糕或做菜。在这个过程中，我让他们看到我们是如何一步步地学会了陌生的东西，如何为一件事去做准备。不需要我讲太多，他们自己就会知道碰到困难要怎么克服，不会的东西，要去哪里寻找材料或者方法。

如果我回家晚，会跟他们一起阅读，然后分享自己看的故事，我偶尔也会纠正一下他们的表达方式。有的时候，他们会非常贴心地为我按摩捶背，享受美好的亲子时光。在良好的关系下，孩子们自己做事情的动力越来越足了。

2

有一段时间，孩子们把衣服丢得到处都是，我说了很多次都没用，爸爸气得吼人，甚至连他们的冰激凌时间都被罚掉了，但他们就是没什么改变。我们几次开会谈到这个问题，也试过奖励的办法，但都没什么效果，这颇让我们灰心。

有一天，我打开房门，忽然看到我和爸爸的衣服也是零零落落地散在我们的房间里。看到这一幕，我好像突然开窍了一般，想起了曾经学习过的影响力法则，也终于知道了孩子们改不掉乱丢东西这个坏习惯的原因。

我悄悄把爸爸叫过来，让他看看我们的屋子，他瞪了我一眼，傲娇地说："我的衣服又没有丢得到处都是，也没有丢在客厅，它们只是离该在的位置稍微远了一点儿而已……"

说归说，但爸爸明显还是意识到了自己的问题。我俩马上开始把自己房间打扫了一遍，然后又把客厅打扫了一遍，把孩子们的衣服拿回他们自己的房间。

我告诉他们说："如果你们愿意到处丢衣服，请在你们自己的房间丢。如果我在客厅捡到了你们的衣服，我会把他们拿回你们房间，但是我不会给你们叠好放好，因为那是你们自己的工作。我和爸爸的衣服也会在我们自己的房间，欢迎你们随时来监督。如果你们的屋子很乱，对不起，客厅和我们的房间都不欢迎你们，你们只能在自己的房间玩。如果你们的房间干净整洁，客厅和我们的房间也会向你们开放。"

刚开始，孩子们依然乱丢衣服，不过我和爸爸很坚持，客厅和我们的房间真的不再给他们开放了，除非孩子们把自己的房间打扫干净。差不多一个多月的时间，我们要常常给他们往屋里送衣服（其实就是现在也会偶尔这样，所以不要期待说孩子一两次，他们就会听，并能保证执行），并提醒他们要整理自己的房间。

接纳他们偶尔犯懒和马虎的执行力，以身作则慢慢地引导，目前为止，孩子们的变化还是很让我欣喜的：从周一到周五，只要我提醒了他们，他们还是可以用 5 ~ 10 分钟的时间把自己屋里乱扔的东西收好，每 2 ~ 3 周会把书架整理一遍，每周末会帮我们做大扫除。

影响力法则的关键是父母要温和而坚定地要求和提醒，并以身作则地自己先执行起来。特别是不能今天说了，明天自己就忘了。

3

我家妹妹小时候对安全座椅和安全带非常排斥，两个哥哥就从来没有这个问题，他们上车就会系上安全带，而且知道这是对自己生命负责任。但是妹妹从一岁半开始，就激烈地反对坐安全座椅，每次上车都要闹腾一会儿。

后来一段时间，她逐渐习惯了安全座椅。但是长大后，要换安全带的时候，她又开始找各种借口和理由不系，甚至开始偷偷不系安全带。哥哥常常会举报她不系安全带，然后她就跟哥哥吵架，大发脾气，最后才心不甘、情不愿地系上安全带。

有一次，哥哥们都不在，我又发现她没有系安全带。于是，我把车停在路边，先是抱了抱她，然后温柔地看着她的眼睛跟她说："如果你不系安全带，妈妈就没有办法开车，因为安全带是很好的工具，在路上发生危险时，宝宝不会从座位上飞起来伤到自己。而且，系安全带也是警察叔叔的要求，每个坐在汽车上的人都需要系上安全带，所以每次我上车做的第一件事，也是系上安全带。"妹妹点了点头，自己把安全带系上了，而且以后她上车就会主动地系上安全带。

妹妹能听从我教导的一个重要原因是，一定要单独跟她说，因为哥哥在旁边，她会有丢脸的感觉。单独跟她沟通，会让她觉得妈妈只是在保护她，而不是跟哥哥在进行权力之争。

其实，我们跟孩子说话，一定要让他感受到被尊重而不是被命令。让他看到父母不是要求他，而是父母也在做这件事。那么我们的行动就能很好地影响他们，并带动他们的积极性。

2.3 明确意图，有策略地解决问题

　　有一次，我跟朋友带着孩子们一起吃饭。用完餐后，孩子们围着餐馆边跑边闹，服务员来来去去，一直在招呼孩子们："小朋友小心，不要被碰到了。"我们把孩子们叫了回来，可是不到3分钟，孩子们又开始围着餐厅绕圈跑了。我再次把孩子们叫了回来，给每个人倒了一碗水，我说："你们跑得很辛苦，先喝点水润润嗓子吧。"

　　孩子们叽叽喳喳地各自讲述着什么。我用筷子敲了敲玻璃杯，清脆的声音很有穿透力，成功地吸引了大家的注意力，我对他们微微一笑，说："我有很重要的事情要说，请你们大家安静一会儿。"我的眼睛轮流看着我们家的孩子，说："你们还记得妈妈曾经给你们看过的小朋友在火锅店里被烫伤的新闻吗？"我们家的三个孩子立刻举起手，开始七嘴八舌地说："记得，记得。"

　　"嗯！"我赞许地点点头，"是的，其实餐厅是特别危险

的地方，不仅仅是火锅，热汤、热菜都可能把我们烫伤，对不对？所以，我们在这里特别需要维持好秩序，你们要安静地待着。有人说我不想等，我就想去医院躺着的吗？请举手！我看看，有没有人？"我的眼睛看着他们，孩子们哈哈大笑起来。

我又说："好的，你们都知道为什么不能跑的原因了。那么，问题来了，你们可以在哪里一直跑呢？"

"公园！"朋友的孩子奶声奶气地说。

"没错儿，所以，如果你可以配合我们，在这里安静地等我们吃完饭，我们就会带你们去公园玩儿，好不好？"

"耶！"孩子们欢呼起来，坐在我们旁边的椅子上开始聊天，不再在餐厅里跑来跑去了。朋友惊叹地说："他在家可是经常挑战我们的权威呀，怎么说都不听，怎么你就说了这几句，他就配合了呀？"

其实，我也不是天生就有让孩子听话的本事的，我也是走过了无数血泪之路。以前，我家的三个孩子也是怎么说都不听我的话，尤其是周末从姥爷家回来以后，就特别容易我行我素。比如他们经常会把房间折腾得乱七八糟的，让人完全插不进去脚，我让他们收拾房间，可是当我去检查的时候，发现他们一直在嘻哈打闹，根本就没把你的话当成一回事儿。

我忍住怒气，心平气和地再次跟他们说半小时后检查，但半小时后的房间状态依然跟半小时前一样，也许臭袜子从地上放到了桌子上。在我第三次去检查的时候，一切还是照旧……我终于克制不住自己了，对着他们大吼一声，这时孩子们才知道我生气了，开始按我的要求去做。

我曾经被孩子们的这种行为气得不轻，他们明明可以好好说话、好好做事，可为什么要等到我变身成了"河东狮"，他们才能好好听呢？当同样的问题周而复始，会不停地引诱我们的情绪小怪兽冲破自己的躯体，无力感和愧疚感就会越来越严重——为控制不住自己跟孩子发了脾气而内疚，为只能继续靠"狮吼功"让小朋友乖乖就范而感觉到无力……

孩子们很聪明，跟他们讲话、做事，我们必须要有策略——意图明确、抓住目标、讲究方法，温和而坚定。

比如在餐厅里面打闹这件事情，孩子们之所以这么做，主要是因为觉得无聊。所以，我们要先共情，理解他们无聊的感受，然后再提出解决办法——去公园，孩子们是愿意等候一段时间，来换取他们想要的结果的。

这时候，我们再告诉他们在餐厅里打闹的潜在危险，并且以其他孩子在餐厅打闹的不良后果现身说法，孩子们会自然而然地警醒这样的事，才会安静地坐下来。而且我发现，在时间允许的情况下，用温和的语调告诉孩子们为什么不能那么做，他们通常都愿意听父母的话。

每次我家的三个孩子从姥爷家回来，我让他们打扫卫生，他们不听的时候，我会询问他们不想听我话的原因，当然，他们这时候常常是说不出什么原因的。我想在和老人交接孩子的时候，孩子难免会有秩序混乱的情况，他们还是需要一点儿时间来切换的。这时候，我会提醒他们选择带来的两种自然结果，一种是希望妈妈耐心温和地讲话，另一种是让妈妈把情绪的小怪兽放出来。有时，我也会跟他们撒个娇，告诉他们我需要他们一起维护家里的整洁和卫生，他们听了我的撒娇，就会心里一软，然后跟我一起收拾起来。

　　有时候，孩子们会表现出很疲惫的样子，可能是他们看电视或玩电子设备的时间过长。这时，我会让他们先休息一下，从电子设备的影响中抽离下来。30分钟以后，我们从小游戏开始，等孩子们的精力恢复以后，再去做自己房间的清洁工作。

总结一下：

　　1.发现问题背后的问题，与他共情。

　　2.明确我们的目的，不要被孩子的情绪或者说辞带偏。

　　3.讲究策略，分步实现我们的想法，让原本要发脾气才能实现的事情，变成每个人都能接受的解决问题的方法。

　　4.尽量使用示弱、拥抱等方法，让自己的情绪保持稳定，以便有足够的耐心跟孩子周旋。

5.对软硬不吃的孩子，我们需要立好界限，严格按照双方都同意的解决办法执行。对有些孩子，示弱反而容易让他们感到有机可乘，从而陷入权力之争中，所以，我们需要了解自己孩子的个性，找到适合自己孩子的方式。

2.4 家庭协作，在了解的基础上与家人步调一致

想要高效地管理孩子，除了让孩子配合外，还需要家庭成员之间的协作。家庭成员之间的良好协作不仅可以让家庭更加和谐，还可以潜移默化地培养孩子的合作能力与共情能力。

家庭中的协作包括3个方面，下面我来为大家一一介绍这三种协作关系。

我们与家人之间的协作

配偶是我们终身的合作伙伴，都说"不怕敌人多强大，就怕有个猪队友"，所以培养自己与队友之间的协作关系，几乎是每个家庭最大的挑战。

我的做法是：从孩子出生那天起，在照顾孩子的问题上，我就要求老公至少承担一半的工作量。生孩子，爸爸没有这个功能，但是照顾孩子他是可以做得很好的，千万别怕老公把孩子捏坏了，或者怕爸爸把尿布戴歪了。就算真的碰上了这样的

手残"队友"，我们还是有机会为孩子培训出优秀的爸爸的。勤能补拙，所以不妨让老公先拿娃娃练手，练到能单手换尿布，熟练地给孩子换衣服，熟悉各种抱孩子的姿势。

其实，很多爸爸早就摩拳擦掌，做好了心理准备，但无奈妈妈的要求太高了，让老公的那颗照顾孩子的雄心渐渐荒芜了。另外，我们要想队友给予我们强大的后盾和支持，就要给对方留下足够的空间和时间，在爸爸照顾孩子的过程中，不能过于具体地指挥和要求他。

我家孩子的爸爸刚开始给孩子穿袜子的时候，每次都给他们穿两只不一样的。我很奇怪，问他的时候，他就会轻描淡写地说："这就是我的方式啊，我觉得很好看啊，为什么袜子一定要穿一样的呢？"

我一直以为爸爸有特殊癖好，直到后来我才慢慢反应过来，这其实是我家孩子的爸爸对我无声的抗议。

与家人的协作，还包括与老人的沟通，这也是家庭中最大的问题。跟老人一起住的父母，建议求同存异，放宽要求。毕竟老人帮你们带孩子是情谊，不是义务。他们花了时间、心血帮忙，还要被挑毛病，心里肯定不舒服。我们要肯定和接纳老人的情绪，建立适当的界限，和他们沟通。我相信，经过协调，很多爷爷、奶奶、姥姥、姥爷还是愿意在某些方面跟爸爸妈妈达成一致的。

对于那些每个家庭成员的个性都很要强的家庭，如果实在无法共居一室，最好的做法无疑是保持适当的距离，设立"祖父母日"。我家的做法是把孩子交给老人时，就放心地完全交给他们，让老人用他们的方式带孩子，我们不听、不看、不管。但是孩子回到自己家后，在门口就要开始"隔离""消毒""打预防针"，跟他们再次强调家里的规矩，回家后要尽快调整回"跟爸爸妈妈住"的日常模式。

我们与孩子之间的协作

我们希望孩子们能按照我们的要求做事，但孩子有自己的习惯，他们不可能完全听我们的。在与孩子沟通时，我们很容易把情绪带进去，这样，我们在与孩子对话时，会很唠叨，孩子对我们也会心生不满。这些都是导致协作不畅的主要原因。

比如，我家三个宝贝都有一回家就把书包一扔，脱下鞋和袜子，不洗手就冲到桌子前找吃的的习惯。我每次说他们的时候，都会激起我的怒气，顺便想起他们乱七八糟的书架，套系书又少了好几本，那么贵的《牛津树》各个分级又凑不齐了；想起来昨天晚上的垃圾孩子们还没有倒，堆在门边都开始流汤了；想起来两天前洗干净的衣服放在他们床边，到现在还没有被收进橱里，掉到地上又变成脏衣服了……

所有这一切，都是从一个点开始不断放大、放大，放大到让我崩溃。于是在家庭会议上，我们做了一个约定，就是每次我再看到他们把书包扔了一地，我就去打开番茄闹钟，放到他们的书包旁边。这方法简直有魔力，听到番茄闹钟，他们很快就去收拾自己的书包。甚至有一次，我把包留在地上，还被他们放了番茄闹钟。

现在我们家里除了有番茄闹钟，还有"蜘蛛侠"提醒他们把洗干净的衣服放回橱柜；还有"小猪先生"提醒他们不能把玩具和图书留在沙发和地板上，要及时收起来……要想与孩子更好地协作，需要我们的创意和灵感，我们不妨与他们一起商定一个大家都喜欢的方式或暗号互相监督，从而代替怒火和唠叨。

孩子与孩子之间的协作

如果我们与家人有很好的协作关系，通常孩子们也会有样学样地互相配合。但父母最常面对的，还是孩子彼此间的争论：谁做得少了，谁做得多了，谁不做事，还捣乱……

如果他们发生争吵，父母最好的做法就是置身事外，不介入他们的争端，温和地提醒他们发生问题后要承担的自然后果，然后告诉他们："我相信你们能自己解决问题。"

如果父母一定要介入孩子们的争端，要尽量让他们接受统一的处罚。因为有时候，我们很难分清到底谁对谁错。我们家孩子来找我告状的时候，我通常听听就了事，不做任何判断。如果是打架这样的恶劣事件，我会让他们分开站在阳台或者墙角，冷静地思考一下自己哪里做得不好，想想自己可以怎么解决这个问题。

我家二宝（弟弟）是掌控型人格，他特别喜欢指挥哥哥和妹妹，如果别人不听他的指挥，他就会很生气，继而跟哥哥妹妹吵架，最后只能自己做所有的事。我家大宝（哥哥）常常要担负妈妈交托的责任，但每次指挥弟弟时，都会遭到强烈的抵抗，而小宝（妹妹）因为能力有限，达不到哥哥们的要求，就干脆罢工，专职吵架。

于是，我找机会单独给三个人"补课"，我告诉哥哥，不能仅仅命令弟弟妹妹，还需要以身作则，只有他做好了，弟弟才会尊重他，继而来帮忙做事。而且他有妈妈交托的责任，他可以跟妈妈申请奖励金来鼓励弟弟妹妹做得更好。

我告诉弟弟，如果他想指挥，就需要证明自己的想法是对的，而且他需要联合哥哥和妹妹的力量完成最终的任务，而不是完全靠自己完成所有的事情。任务的完成度，不仅要看质量，还要看时间，时间短还能把事情做好，才是他的最终目的。至于妹妹，我告诉她，现阶段主要以提高能力和听哥哥的安排为主，当她的年龄和能力都达到的时候，妈妈就会给她更有挑战性的神秘任务。

经过单独谈话，我让每个人都知道了自己的任务和目的，三个人的协作状况明显好了很多，不仅需要配合的各种工作的效率有了很大的提升，就是彼此间的冲突也都减少了近70%。

　　全家人只要在一起，心中有情，就不怕任何困难。当然，要让家庭充满爱，我们就要从小培养孩子的协作意识，这样大家才能共同成长。

2.5　家庭氛围，培养尊重与合作的能力

　　孩子是敏感的，他们不仅能感受到父母对他们的态度，也能敏锐地捕捉家庭成员之间的关系好坏。祖孙三代住在一起，如果爸爸妈妈与爷爷奶奶或者姥姥姥爷在教育方式上有分歧，孩子总会聪明地找到突破口，达到自己的目的，或者得到自己想要的东西。

　　如果我们不尊重自己的家人，尤其是自己的配偶，孩子其实是没有安全感的。在现代社会中，很多丈夫不懂得对家庭负责，只有妻子一个人带孩子，很容易会成为大家所说的"守寡式带娃"。

　　妻子因为对丈夫很失望，便把自己所有的希望都放到了孩子身上。当我们持着这样的想法生活时，那些感知力发达且敏感的孩子怎么能嗅不到空气中弥漫的负面情绪呢？怎么能在这样的家庭环境和氛围中建立自己的安全感呢？他们只会担惊受怕，变得唯唯诺诺。

所以，家庭氛围对孩子的影响是巨大的，父母一定要给孩子良好的家庭氛围，这样才能培养出健康的孩子。

　　很多人听到我跟我爸爸打电话的时候，都会问我："你怎么那么凶地对你爸爸说话？"我听了很惊愕，我从来没觉得自己跟爸爸说话的态度有多么不好，也没觉得自己不尊重他。后来有一次，老公不小心把我跟爸爸的对话录了下来，我听到之后，才愕然地发现，我跟他对话的语气简直是太冲了。

　　要是我的孩子跟我如此讲话，我还不得把他按在地板上揍一顿。虽然我觉得自己很爱爸爸，但言语间却是刀刀毙命的伤害啊，这时候我才意识到了自己的问题，以后跟他说话也时刻注意自己的言辞、语气。幸好我跟老公说的是英文，这要是中文，以他的性格，怕是一天要吵8次架吧。

　　所以，我们真的不能轻视我们说话的语气和态度。如果我们希望孩子有礼貌，也要用温柔的语气跟他讲话。

　　有些人特别喜欢跟孩子开玩笑：你喜欢爸爸还是妈妈？喜欢弟弟还是妹妹？喜欢爷爷还是奶奶？喜欢姥姥还是姥爷？你觉得爸爸好还是妈妈好？你觉得爷爷奶奶和姥姥姥爷谁更爱你？……这些玩笑话，无意中就把家庭关系中最亲密的人放在了竞争的态势下，让孩子进行比较、选择。

　　比如我们会问孩子："爸爸做饭好吃，还是妈妈做饭好吃？"也会指责自己的配偶："妈妈做的决定比爸爸英明多了，爸爸这个笨蛋今天又给你买错了文具。""每天都是妈妈照顾你，爸爸的工作太忙了，就帮不上一点儿忙。"……

我们太习惯于把自己放在比较的位置上了，在家庭中，时刻处于竞争状态，而不是合作与共赢，以至于每个人的话语都充满着指责和不满，忽视了对方的付出与委屈。就算我们再爱孩子，他们在这样的语言环境中，也无法学习到爱是什么，无法建立归属感和价值感。

我重新审视了自己对我家孩子爸爸的说话态度，决定用更温和的方式讲话。

在家庭会议上，我对先生和孩子们道歉，我为他们解释了自己的说话态度。也许源于小时候的成长环境，所以我从来没有意识到，也许我说话的语气和态度伤害了他们。我请他们帮助我，在日常生活中时刻提醒我。如果我的态度或语气让他们很不舒服，请他们告诉我，而不是像我一样用不好的态度和语言吵架。

经过这次有意识的训练，我与先生的关系得到了修复，与孩子们的关系也有了很大的改善。但孩子还一直认为如果自己做错了事，妈妈就会吼人，或者愤怒。直到现在，大宝还偶尔会有这种担心，所以很多事情他不敢跟妈妈讲。但是我相信，在美好、和谐的关系中，孩子的安全感一定会重新建立起来的。

我和老公一直有一个默契，就是在孩子面前，我们不会隐瞒家庭中的困难和问题。有时候我们也会吵架,但每次吵完架,我们会当着孩子们的面和好。我们希望通过这种做法,告诉他们,吵架和冲突是很正常的,就好像他们三个常常吵架一样。重要的是,我们可以最终解决问题,达成一致,而且用相爱的方式和好。

"不可含怒到日落",及时地解决问题,在日落前恢复相亲相爱的生活,晚上才会有好的睡眠,不带着愤怒睡觉,是人生最美好的事情之一。

我们只有为孩子创造良好的家庭氛围,他们才能有安全感。看到爸爸妈妈这么相亲相爱,他们自己也会逐渐学会合作,到了学校和社会上,才能成为一个受欢迎的人。

第三章

立好界限：
孩子才有安全感

3.1 为孩子建立有效可执行的规则

在孩子的成长过程中，尤其是在他们 2 岁左右的时候，他们的身上会有非常多优秀的品格体现出来，比如他们向往美好，愿意成就美好的东西，愿意遵守诺言，愿意按照父母的心愿去做事。

大宝 2 岁的时候，所有向他承诺过的事情，我都会尽量去完成；与此同时，大宝也会努力去完成妈妈交给他的任务，比如他会自己独立吃饭，玩具玩完以后自己会主动地收起来。但是后来，他有了弟弟妹妹，又经历了几次跨国搬家的动荡，不知从什么时候开始，大宝不再主动收起自己的玩具了，也常常把图书摊一地用脚去踩，惹得我怒气冲冲。我越是制止他，他越是乱扔东西，随意踩踏，把所有东西弄得乱七八糟的。

我问他为什么这样做，他总是怯怯地说他总是会忘记。

为什么孩子之前做得挺好的事，现在却做不好了，也渐渐地开始逃避责任。问题究竟出在哪里呢？其实有以下三点原因：

第一，对父母的失望。有时候，我们对孩子的要求，自己都完成不了。当孩子看到这些的时候，会感到心理不平衡：大人也无法完成，他们说了不算，我是不是也可以说了不算呢？

第二，觉得父母不再关注他了。弟弟妹妹到来后，我们的很多精力都在两个小孩子身上，觉得大宝没生病、没哭闹，就挺好的，不需要给他过多的关心，对大宝发出的信号也漠然处之。他的一些不好的行为，其实只是为了吸引父母的注意力。但几次下来，他发现父母根本就不关注他。而且很多时候，父母交代了他要做的事情，没有盯着他做他就不做。对于那些他完不成的任务，我们就会一边抱怨一边代劳，他也就逐渐丧失了做事的主动性、积极性。

第三，觉得爸爸妈妈给他的任务太难了，他做不到。比如我家大宝在开始的时候很喜欢弹钢琴，但是随着难度的增加，他有了畏难情绪，就会找借口逃避。如果这时候父母没有注意到这些问题，没有陪伴他克服困难，孩子就会习惯性逃避。

所以，我们该如何让孩子承担起自己该负的责任呢？

1."解铃还须系铃人"，父母要对孩子做出的承诺负责，要么不答应，答应了就应该尽量做到。但是，对于孩子提出的过分要求，我们要懂得拒绝，跟孩子一起讨论出双方都能接受的结果，尽量不让孩子失望。

2.当孩子开始出现违反约定的问题时，我们先不要关注孩

子违反约定的行为，要先去观察和体会孩子最近是不是有难过、生气、愤怒或者失望的情绪。如果孩子的行为是情绪引起的，我们要先接纳情绪，再关注行为。

如果我们无法引导孩子说出什么具体的问题，孩子只说自己忘了，那就意味着要重新加强孩子行为习惯的管理，要去关注他这些行为背后的原因。比如面对我家大宝踩图书、不收拾书架的问题，在我跟他谈话后，才意识到他需要我的关注。后来，我带着他一起收拾书架，有时候我还会带着他一起看一些图书修复和制作的小视频，让他了解图书的珍贵和修复的难度。了解了这些后，他才慢慢改掉了坏习惯，变成一个爱护图书的好孩子。

3.如果父母给孩子的任务太难，就需要父母酌情给孩子分解任务，为孩子设立容易达到的目标。

当我发现我家大宝不爱练钢琴后，我先跟老师协调了一下，降低了曲子的难度，但是没有太大的效果。我就换了一位钢琴老师，从孩子喜欢的简单的乐曲开始练，并且学习伴奏。这样，他就可以在我们唱歌的时候为我们伴奏。

我告诉他学习钢琴的目的是为了享受音乐，而不是为了学习一项技能，也不是为了考试。同时，我为他找来了他喜欢的乐队，让他看键盘手的演奏视频，也让他去弹自己喜欢的乐曲。

差不多调整了半年以后，我才找到一位合适的钢琴老师，让他重新开始正规的学习。经过这段时间的调整后，大宝的进步甚至比停课之前还要快。而且他对钢琴的兴趣保留了下来，我们不用每天催促他，自己就去钢琴上练习了。

我们为孩子建立规则，一定要有策略和章法，不能指责和羞辱孩子，而要专注于问题的解决，给他们机会，让他们承担自己的责任，帮助他们找到去"做"的内在动力。

3.2 让孩子学会承担自然结果

　　大多数孩子都喜欢吃糖，吃糖虽然不会直接导致糖尿病，但能带来很多问题：

　　1.过多的糖在体内可以转化为脂肪，导致小儿肥胖，成为心血管疾病的潜在诱因。而且重要的是肥胖基因一旦形成，会跟着孩子一辈子。

　　2.糖只能供给热量，而无其他营养价值。每天糖吃多了，那么对其他营养素的摄入势必会减少，导致体内蛋白质、维生素、矿物质缺乏，极易造成营养不良。

　　3.会给口腔内的乳酸杆菌提供有利的活动条件。糖滞留在口腔内，容易被乳酸杆菌分解而产生酸，使牙齿脱钙，形成龋齿。

　　4.吃糖不仅会损伤大脑的物理结构，也会损伤它的功能，吃糖过多可能会导致儿童患上认知障碍症。

　　5.因为糖的能量太多，会导致孩子一直处于兴奋状态，从而过度疲劳，哭闹不止。

"我已经告诉过你一百遍了，不要乱吃糖……"我相信很多父母都常常把这句话挂在嘴边，我当然也经常说。我们说这句话当然不仅仅是为了提醒孩子，随后所做的事情就是替孩子解决他们的问题。而孩子也会在这句话中学会依赖——即使被骂了，有人替他做事，他们就永远学不会对自己的行为负责。

有一段时间，我家请了一位阿姨。在请阿姨之前，孩子们完全可以自己整理房间——找到自己的干净衣物，收拾好书架和自己的玩具。可是自从家里有了阿姨以后，阿姨不是嫌弃他们做得慢，就是嫌弃他们做得不好，总是"越俎代庖"，默默地帮他们做了很多额外的工作。

但是就因为她的好心，让几个聪明的"小鬼"发现了偷懒之道，他们开始拒绝自己清扫房间，拒绝把自己的衣服整理好放到橱柜里，因为一切都有阿姨帮他们做。但阿姨走后，我才发现他们把房间搞得乱七八糟的——干净的和脏的衣服堆满了地面，而且都混杂在一起，书本和玩具也随处可见。

还有一个春节更夸张，他们去跟我父母住了一个月。回家的时候，我发现他们连自己穿衣服都不会了，张口就问："妈妈，我今天要穿什么衣服？""我今天要穿什么鞋子？""我的裤子找不到了。"……

结果分为自然结果与逻辑结果。自然结果，指的是自然而然发生的任何事情，其中没有大人的干预。比如不吃饭就会饿，天冷不穿外套就容易生病。而逻辑结果，不同于自然结果，它需要大人的介入。

大人在介入孩子的时候，有时候会造成不好的自然结果。比如我家妹妹不肯收拾衣服，我曾威胁她，如果她不收拾衣服，我就不让她去学唱歌了。妹妹很喜欢唱歌，所以这个惩罚让她很不开心，于是立刻扔下衣服开始号啕大哭。但由此造成的不好的结果是，她因为我的威胁而开始反感唱歌课。如果我长期以此为威胁，她会越来越厌恶这个原本很喜欢的兴趣课程。

那我做什么才能让她改掉不收拾自己的衣服的坏习惯呢？我会告诉她，如果她不收拾衣服，我会将她的衣服没收，她要出门的时候，就会没有衣服穿。不收衣服和没衣服穿，这两件事是有逻辑结果的，不仅会让她改掉坏习惯，还不会造成错误的逻辑后果。

当然，我们在干预孩子的时候，一定要注意度。比如针对孩子们乱扔衣服，我把他们的衣服都收走后，只留了几件基本的衣服。在发现没有衣服后，他们需要先把自己的衣服都收好，并保持橱柜一周都要整洁，我才会将没收的衣服还给他们。所以不收衣服这件事，在阿姨走后，我确实用了很长一段时间进行调整，孩子们才重新养成了保持房间整洁的习惯。

很多朋友常常问我怎么纠正孩子不好好吃饭的问题。我说只要让他们承担自然结果就好。但是后来我发现，即便父母下定决心不给孩子吃饭，他们的祖父母也会怕孩子饿，在两个饭点之间，时不时给孩子一些零食吃。所以，我建议可以给孩子设立吃零食日，每周固定一天，其他日子则让孩子好好吃饭。

让孩子承担自然结果，远远比说教强得多。我们要教会孩子对自己负责，培养他的独立精神。

3.3 让孩子正确认知能力的界限，不自卑也不自傲

孩子的能力，是指他们在每一个年龄阶段能够做到的事情。但孩子们往往不能正确认识自己能力的界限，要么是缺乏信心，不相信自己有某种能力，要么就是对自己预期过高，常做一些自己不能完成的事情。这个时候，我们父母就要引导孩子正确地认识自我，了解自己能力的界限，从而避免受到伤害。

下面，我将详细给大家介绍以下两种类型的孩子的不同表现：

缺乏信心的孩子

孩子在该练习爬的时候，有些父母总喜欢用学步车让他学走路，那么以后他的平衡能力和通感能力就会失调，这样反而会对自己失去信心，在心底埋下自己不行的种子。

还有很多家长喜欢让3岁的孩子做5岁的事情，孩子做得吃力，但当他长到5岁的时候，却又会去做3岁时应该做的事。

我家大宝就是这样，小时候不怎么玩玩具，等到妹妹出生后，总喜欢拿着妹妹的玩具玩儿。开始我会为此感到焦虑，但是后来学过课程以后才明白，孩子的每个阶段有每个阶段的特点，无条件接纳他就好。

这样的孩子其实都是缺乏信心的，我们需要做的就是引导他，让他获得自信，从而达到某种能力。

对自己预期过高的孩子

有的孩子对自己的预期超出了他的能力范围，面对这种情况，父母需要给孩子划好界限。比如我家弟弟就常常觉得自己很能干，家务活抢着干，有一次趁大家没注意，自己偷偷端了一碗热汤去客厅，中途因为太烫，直接把碗扔在了地上。

前面我也曾说过，给孩子立好界限，可以让他们有充足的安全感，知道自己能做什么，不能做什么，做起事情来就会很自信。孩子一旦确定自己的能力界限，将会大大减轻父母的重担，所以，让孩子成为父母的好帮手，让他们帮父母做一些力所能及的家务。

0~1岁是人类个体心理发展最快的阶段，他对母亲更多的是信任和完全的依靠，他没有语言能力，主要通过哭泣来表达自己的心愿。这个时候，我们可以逐渐地训练孩子用肢体来表达自己的心愿。

2~3岁，也就是大家所说的"可怕的两岁"阶段，其实这一时间段是孩子独立意识的开始。他开始破除对父母的那种完全的依赖感，开始去试探父母可承受的界限在哪里，他可以做到什么程度。这也是为什么父母会觉得这一阶段的孩子不像以前那么好、那么听话了。在这个阶段，孩子总在试探自己能控制什么，自己的意志能决定什么。所以这个时候，我们要设置规则，忍让有度，让他们明白我们可以承受的边界。

3~6岁，孩子已经到了主动的发展阶段，他的主要关系还是在家庭中，他们学会了主动行动，探索幻想，还会因为自己不好的行为而感到后悔。这时候，他们还是会有非黑即白的判断，会高估自己的能力。比如倒热水，他觉得自己可以控制水壶，但实际上他的手劲很小，一旦控制不好就会烫到自己；又比如他觉得自己可以骑自行车，但是上手之后却发现，他根本就控制不了自行车，容易摔跤。

这个时候的孩子非常依赖成人对他的评价，他的行为也常常被外在的反馈控制，而不是内在的动机。所以这个阶段，我们可以采用外在的反馈奖励机制，建立他们良好的行为习惯。我们可以告诉孩子我们对他的具体的期待，但一定不能为他们贴标签。因为他们一旦对自己有了负面的评价以后，就很难改变。通过奖励机制，孩子会得到正向反馈，就会提高他们的积极性与合作能力。

7~12岁，孩子的社交关系不再局限于家庭，已经进入周边的小区、学校，他们的朋友一般是邻居或学校里的学生。学校会教给他们行为准则，这时候，他们可以按照这个标准去做事。

他们的大脑有了逻辑思维能力，可以突破"黑白思维"，而承担"灰色思维"，可以捕捉到自己和他人的动机，根据过去的经历来预测未来的结果，也可以根据和别人的比较来定位自己。

到10岁左右，他会渴望被同辈或朋友认可，会学习控制自己的侵略欲望，公正地对待别人，交和自己志趣相投的朋友，并长期交往下去。另外，他还可以从别人的角度来思考问题，有共情力。

孩子在各个阶段有各个阶段的能力。3~4岁的幼儿能够在大人的帮助或提示下，穿脱衣服和鞋袜，能够把自己玩过的玩具和看过的图书放回原处，而不是随地乱扔。4~5岁的幼儿，已经可以简单地整理自己的物品，收拾凌乱的房间。5~6岁的幼儿可以给自己的物品分门别类，能自己穿鞋子、系鞋带，能根据天气增添衣服。

我小的时候，父母总是要我好好学习，不要到厨房去，那里不是我待的地方。但是，我结婚以后才发现，其实做家务和做饭的能力都是需要从小培养的。所以，我们不仅要让孩子了解自己能力的边界，还要注意培养孩子的做事能力，让他们成为好孩子。

3.4 如何让孩子建立良好的习惯系统

孩子都是习惯性动物，一旦养成某种习惯，就能影响他们的一生。如果父母想要有更多属于自己的时间，必须提高自己做事的效率，另外还需要让孩子养成一些生活和学习的好习惯，这样父母才能省心，重新拥有自己的生活。

我们在培养孩子习惯的过程中，难免会与老人发生冲突。孩子的爷爷就觉得我为什么要限制孩子，他们就是用随性的方式把孩子爸爸养大的，怎么现在他们就成了不会养孩子的人了？

对此，我跟爷爷解释说："为孩子建立好习惯，就好像孙悟空给唐僧用金箍棒画圈，这个圈看似约束了唐僧的行为，但也保护他不被妖怪抓走啊！培养孩子的习惯，就是为他树立边界意识——不是管束，而是让他们拥有足够的安全感。又好比马路上的红绿灯，每个人都遵守'红灯停，绿灯行'的规则，所以车辆和行人才可以同时出现在马路上，且安全有序。所以，养成良好的习惯，对孩子和我们都至关重要。"

在带三个宝宝的过程中，最让我受益的是我培养了孩子4个习惯：睡眠、吃饭、自由的活动时间，以及自主参与家庭劳动的习惯。

第一个习惯：养成固定的睡眠时间。

我常听朋友抱怨孩子早上不起床，或者有很大的起床气，自己怎么都哄不好。我不用问，就能知道为什么会这样，而且每一次都百发百中：这些孩子几乎都没有好的睡眠习惯，或者是睡得太晚，或者是跟父母睡，晚上睡得不踏实。

不要说小孩子，就是我自己，如果睡眠时间不够，起床就想发火，看谁都不顺眼，更何况孩子呢？所以，保证孩子的睡眠时间非常重要。有的父母因为下班晚，想着回家再跟孩子玩一会儿，完全没有考虑孩子的生物钟。都到晚上10点了，客厅里的大灯还开得锃明瓦亮，孩子怎么可能有睡眠的主动性呢？

有很多父母说："我们也早早营造了睡眠的气氛，把灯光调暗，给孩子讲故事，讲到最后连我自己都睡着了，孩子还拿出一本又一本故事书让我讲，这到底是怎么回事呢？到底该怎样才能培养孩子良好的睡眠习惯呢？"

下面我给大家介绍一下我家孩子爸爸是怎么做的：

我家孩子的爸爸培养孩子的睡眠习惯时，晚上8点钟就把灯调暗了，让孩子们刷牙洗脸完毕后，就开始给孩子们放音乐。

刚开始，他会放欢快的歌曲，如《两兄弟打老虎》《小手小脚做游戏》，孩子们会随着音乐玩得不亦乐乎，和爸爸做游戏。这两三首歌曲播放五六遍下来，他们逐渐感到累了，这时爸爸会换上两首舒缓的催眠曲，孩子们开始安静下来，躺在床上安静地听。

爸爸把房间的灯关上或者调得极暗，基本放最后一遍的时候，孩子们就开始打呼噜了。这样两三周下来，孩子们逐渐养成了习惯。别看每天的歌曲都一样，可是对孩子们来说，这是愉快的亲子陪伴时间，一点儿都不觉得无聊，每天照样玩得嘻嘻哈哈的。两三个月以后，爸爸逐渐缩短前面的游戏时间，半年以后，只要放最后的催眠曲，他们就自动打呵欠，不需要我们陪伴很长时间就可以迅速入睡。

不喜欢唱歌的家庭，可以给孩子安排睡前故事，关键是要像唱歌一样保持固定的套路，每次只讲 1 ~ 2 个小故事，或者5 ~ 10 分钟，而不是根据孩子的要求无休止地讲，那样非常消耗爸爸妈妈的精力。

有的孩子有午睡的习惯，但是随着孩子年龄的增长，他们会将午睡时间自动拖后，往往中午该睡的时间不睡，下午 4 ~ 5 点才开始睡，一直睡到 7 点。有这样午睡习惯的孩子，在 9 点之前怎么可能去睡觉呢？我家大宝曾经就是午睡困难的宝宝，在幼儿园时，他常常中午不睡，下午小伙伴出去玩耍时他却倒在椅子上呼呼大睡。我们的处理办法是让他在下午休息，但时间不能超过30分钟，这样他才能在晚上9点前睡觉，并保证足够的睡眠时间。

第二个习惯：养成良好的吃饭习惯。

中国孩子的吃饭问题历来很让家长头疼，有的祖父母会跟着孩子喂一两个小时，我爸爸带我家二宝的时候，就让他养成了一个坏习惯——他把所有的食物都堆积在嘴巴里，不肯咽下去，有时候这最后一口饭，可以含在嘴巴里一个小时。甚至到现在，他吃饭都喜欢把所有的食物都塞到嘴里，然后再一点一点地往下咽。

为了让孩子养成良好的吃饭习惯，我分享几点心得：

只让他吃饭，尽量不让他吃零食，保持孩子对食物的热情。水果可以跟正餐一起吃，如果能给孩子吃3顿饭，就尽量不给他吃5顿。因为如果孩子总是在吃东西，会一直有饱腹感，而不会感到饥饿，吃饭的时候就会吃得少，而且频繁给他吃东西，会让父母一直在厨房里忙碌，自己的时间就更少了。

如果午饭到晚餐之间时间太长了，也可以给孩子吃一些水果，但不要给他吃太多有饱腹感的食物。孩子是不怕饿的，饿一点儿，反而会保持对食物的热情。

我小的时候，很喜欢吃一种红烧鱼，我爸爸每天都给我做，以至于我现在看到红烧鱼，都不想动筷子了。还有很多其他小时候很喜欢吃的东西，都因为小时候吃得太多了，现在想起来都后怕，一点儿吃的欲望都没有。我常常跟我爸开玩笑，说他不知道是爱我还是恨我。

有些祖父母小时候经历过饥荒，总觉得孩子吃不饱，受了委屈，所以他们会不停地给孩子东西吃。因为吃东西让牙齿得不到休息，孩子很容易出现龋齿。芬兰牙医给我们的建议是，在两餐之间让牙齿有4个小时的休息时间，所以最好的办法就是按时吃饭，少吃，甚至不吃零食。

在固定的时间点吃饭，不要一下子就为孩子盛一大碗，让他根据自己的食量拿食物，不让他们养成剩饭的习惯。要"少吃多拿"，让他们从小就知道食物的珍贵！就算是需要喂饭的小宝宝，也尽量让他自己独立吃饭。我家二宝一岁的时候就可以自己吃饭了，三宝10个月的时候就可以自己吃饭了。

需要注意的是，中国的年轻人与父母同住的比较多，所以在为孩子建立这些习惯的时候，很容易跟老人的理念产生冲突，从而造成家庭矛盾。我们需要做的是与老人达成一致，共同去训练孩子。

开始时，我们不妨先把成果展示给老人看，以接纳和认可的态度去鼓励老人，而不是指责他们把孩子带偏了。如果可以，最好可以使用家庭会议这种方式（后面的章节会具体提到，这也是效率很高的家庭管理模式,让家庭成员能够更好地接纳彼此),向家人传达自己的想法,并进行讨论。

让孩子少吃糖和巧克力。糖和巧克力,一方面会对孩子的牙齿产生很大的损伤,另一方面会让孩子的身体机能紊乱,总是处于兴奋的状态,很容易出现无节制的吵闹现象。所以对于爱吃甜食的孩子,我们要更加注意他糖分的摄入量,尤其是孩子累了的时候,我们绝对不能给他糖或饮料,而是鼓励他去休息。

第三个习惯:阅读,以及孩子自己玩耍的时间。

有的家庭平时不让孩子读书,读书时间就是睡前的讲故事时间,我个人并不建议这样做。一个原因是在睡前给孩子讲故事,很容易让孩子养成一看到书就困倦的习惯,对以后阅读习惯的建立造成困难。

另一个原因是孩子听故事太兴奋了,会缠着父母一直讲,对不太懂得如何拒绝孩子的父母来说,这样做太容易打破孩子脆弱的睡眠习惯。所以不妨把阅读和讲故事放在白天孩子精力最好的时候。

除了给孩子讲故事,一定要留给孩子自己读书的时间,让他学会与书独处,培养他从小爱阅读的心。我的方式就是给他们买很多适合他们各个年龄段的图书,从最早的撕不烂书、音乐书、有声书、翻翻书,到后来的游戏书、填色书、迷宫书、

3D模型书……我会给他们买各种神奇的图书,让他们建立对图书的好感,从而养成良好的阅读习惯。

让孩子有自己不被打扰的玩耍时间。从孩子可以爬开始,就应该训练他每天要有一小段时间与自己相处。在他的小床上围出安全区域,放上他最喜欢的玩具,每天只需5~10分钟。随着年龄的增长,可以不断增加他与自己相处的时间。

孩子的学习能力都是从玩中得到的,所以孩子不被打扰的玩耍时间,是培养他专注力和学习能力的重要方法。父母千万不要觉得孩子自己玩耍好可爱,就在旁边一直拍照,这样会打扰他,会破坏孩子的专注力。

培养了孩子独立玩耍的习惯,爸爸妈妈就会有更多的属于自己的时间。我家大宝3岁时就可以自己玩乐高1个小时了,5岁学钢琴的时候,本着研究的心态,第一年可以每天练习3个小时,也不需要人陪。大家常常以为我家因为有3个孩子,所以他们才会自己玩,但其实他们能自己玩,更多得益于我对他们独处玩耍的训练。

第四个习惯:参与家庭劳动的习惯和感恩的心。

很多妈妈抱怨说,孩子受家人的影响,吃饭的时候挑三拣四,让她很难过,以至于抑郁了,觉得自己不受家人重视,心里非常难过,也没有成就感。在这种情况下,我们首先要和家人沟通，让他们尊重自己的劳动成果，然后让孩子不要学会抱怨，而是用感恩的心去赞赏别人的劳动和付出。也只有养成这样的好习惯，孩子在未来参与社会活动时，才会让自己获得尊重和支持。

我们在孩子刚会说话的时候，就开始训练他们饭后说"谢谢"，将自己用过的盘子端到厨房。3岁以后，我们教他们把碗里的剩菜剩饭倒入垃圾桶，将碗放到水池里泡上水；5岁以后，我们让孩子轮流将碗冲洗干净；8岁以后，我们让孩子们完全参与到家务中来，哥哥和弟弟轮流帮爸爸妈妈洗碗，弟弟对做饭很有兴趣，跟爸爸学会了做pancake（烙饼），跟妈妈学会了做炒鸡蛋，所以他们自己放假在家时，就可以自给自足。

让孩子参与到家庭事务当中，不仅培养了他们好的生活习惯、劳动习惯，也会帮助爸爸妈妈节省很多时间，减轻生活压力，让我们可以更专注于自己的工作。但是，如果我们一味让孩子干活，而自己躺在床上刷手机、打游戏，对孩子来说是不公平的，如果他们看到父母是这个样子，就会开始挑战父母的权威。所以，如果爸爸妈妈们实在想放松，有一些自己的游戏时间、刷手机时间，最好还是避开孩子，在他们看不到的时候去做。

3.5 生活需要仪式感，努力过干净整洁、有情趣的生活

近年来，"仪式感"越来越被大家重视。在生活中，平淡是常态，可是，我们可以为自己找到一种新的方式，让生活更加有趣。正所谓"好看的皮囊千篇一律，有趣的灵魂万里挑一"，让自己变得有趣，也让孩子们拥有万里挑一的有趣灵魂，才能把家庭生活变得热气腾腾，充满生机。

我有个朋友就是"仪式感"的高手，她茶道、花道无一不精，结婚10年了，还常常与丈夫约会，一起享受二人世界。就是儿子在生活上的一件小事，她也会做得仪式感十足。

有一天，她向我们晒出了她跟儿子的一段对话：

儿子：妈妈，我当语文课代表已经满两年了，从今天开始，我就不再担任语文课代表了，但我还是科学课代表。

妈妈：是吗？那你内心一定五味杂陈吧？要不我们来场告别仪式吧！

儿子：好啊！

妈妈：夏天同学，在担任语文课代表这两年里，最让你值得骄傲的和最让你遗憾的三件事分别是什么呢？

儿子：妈妈，让我骄傲的事情有很多，我就说这三件吧：一是我考过一次100分，二是两年来我为同学们提供了很多服务，三是我干满两年课代表，可以得到一个印有校徽的签字笔。让我感到遗憾的事情呢，我想了想，只有两件：一件是，有一次我的好朋友忘记带作业了，他要我开个绿灯，我同意了，虽然当天下午他补交了作业，但我还是觉得自己滥用了职权；还有一次，我因为贪玩，没有及时和老师确认上课时间，虽然同学们提醒了几次，但我依然没去，最后被老师罚站了，我觉得自己疏于职守了。

妈妈：儿子，妈妈很高兴你能清醒地认识自己，我也为你感到骄傲。现在可以很好地和语文课代表这个职务告别了吗？

儿子：妈妈，等等，我还有话要说，如果我还有机会做语文课代表的话，我会好好学习，提高语文成绩。

妈妈：儿子，你已经很棒了，妈妈觉得不管你是不是语文课代表，只要你热爱阅读，认真听课，成绩自然就会上去，跟是不是语文课代表没有太大的关系。

儿子：嗯，妈妈你说得对，阅读的书多了，就会觉得语文很有意思。

妈妈：好了，祝福你度过愉快的一天，快上学去吧……

儿子：妈妈再见！今天下午四点十分接我去打乒乓球，别迟到了。

……

给孩子仪式感，不管是在哪个方面，都会让孩子终身受益，下面我就来说说仪式感对孩子的哪些方面有影响：

1.仪式感会让孩子清楚地知道自己在干什么，会对时间、空间和行事的逻辑有一定认知。

我们家的晚餐会特别重视仪式感：我们会烹制新鲜好吃的美食，装食物的餐盘也很讲究，会用孩子们喜欢的可爱或漂亮的餐盘；等饭做好了，我们会等每个家庭成员都到了才开饭。如果孩子们胃口不好，我们也不会勉强他们吃；但如果孩子们是因为吃了零食而不好好吃饭，吃完后我们会统一撤掉餐盘，不再给他们提供任何食物，中间也绝不会有零食。

这种仪式感，会让孩子们清楚地知道自己在做些什么，比如大家坐在一起吃饭，是为了一起分享一天的经历、彼此陪伴的温暖时光。不过，他们在年纪小时，难免会为了美食分配不均，或座位的问题而争吵。那时，我们会请吵架的两位到旁边冷静一下，在他们看到自己的问题，并对彼此表达歉意后，才能安静地回到餐桌上一起吃饭。

这种吃饭的仪式感，会让他们更加珍惜和家人在一起的时光，分享彼此的喜悦，增强家人之间的爱。

2.仪式感会让孩子有更高的安全感。

晚上在临睡时，我们会给孩子们唱歌，然后祝福他们睡个好觉，拥抱并亲吻他们的额头。在固定的时间上床睡觉，给他们做固定的睡前仪式，会给孩子们带来十足的安全感。所以上床5分钟内，他们几乎都可以很快睡着。

3.仪式感会提高孩子的专注力。

父母给孩子仪式感，会让本来随意的孩子逐渐重视一件事，从而培养他们的专注力。比如大部分父母在给孩子喂饭的时候，会满世界追着孩子跑，孩子一心只顾着玩，根本不把吃饭当成一回事。如果我们这样带孩子，不仅会耗费很大的精力，还会使孩子养成不良的吃饭习惯，不利于他的成长。正确的做法是：让孩子端坐在儿童椅上，给他戴上围兜，让他知道吃饭是一件认真的事情，那么以后他做任何事都会更加投入和认真。

4.仪式感会让孩子做事更有条理。

如果一个家庭有仪式感，那么在这样的环境下长大的孩子做事会很有章法和条理——他们会在睡前准备好第二天要穿的衣服，早上起床的时候就不用纠结要穿什么衣服了；起床后，他们会随手铺好床，然后刷牙、洗脸、吃饭⋯⋯有仪式感的孩子，会在不知不觉间养成良好的生活习惯。等他们长大后，就会对自己的学习、生活、工作有较高的要求，不会凑合，更不会将就；他们知道自己每一步该做什么，不会人云亦云，随波逐流。

我们家富有仪式感的事情还包括：每天会拥抱、祝福彼此；每周设置吃糖日，跟爸爸妈妈单独约会的日子；为爸爸妈妈画贺卡、赞美卡、感恩卡等；在特殊节日一起做特殊的事情，比如端午节我们会吃粽子，在圣诞节和新年呢，我们会举行Party（派对），邀请朋友们一起玩，在感恩节，我们一家人会聚在一起分享感恩的事情，回顾一年来收获的所有美好⋯⋯

仪式感，会让简单的生活充满情趣。在有仪式感的环境里长大的孩子，会对自己有清醒的认知，做事会更认真且有条理性，安全感和幸福感也会比别的孩子多。所以，让我们从小就培养孩子的仪式感吧，让他们在细微的事情中体会生活的美好，养成良好的习惯，培养逻辑思考的能力，长大后才能充满自信且能力出众。

3.6 懂得尊重和感恩，才会有快乐满足的人生

在我家，我给孩子递一杯水后，孩子会跟我说"谢谢妈妈"。很多朋友对此非常不解，觉得这点小事还说"谢谢"，一家人太"见外"了啊！但我认为，别人对你好不是天经地义的，无论是谁，只要为我们付出了时间和精力，我们就应该对他们表示感谢。

2012年发表在行业期刊《个性与个体差异》(*Personality and Individual Differences*)上的一项研究表明：**感恩是生活满意度的最大预测因素之一**。

教育家苏霍姆林斯基说过："良好的情感是在童年时期形成的，如果童年蹉跎，失去的将无法弥补。"一个不知道感恩，不知道回报他人和社会的人，一定不是一个人格完整和心灵健康的人。所以，感恩需要成为我们日常的生活仪式。

每个人在生活中，压力都会很大，但不少父母怕影响孩子的情绪，会把生活中最美好的一面呈现在孩子面前，而把自己

的辛苦隐藏起来，以为这样就是给孩子最无私的爱。但恰恰因为这样，孩子会觉得父母给自己的爱是理所应当的，他们会看不到父母的辛苦，从而对父母缺乏理解和感激。

我和先生有一项共识，就是如果我们在某件事上达不成统一意见而发生了争吵，我们不会背着孩子吵架。但是，我们在当着孩子的面吵完以后，一定会让他们看到我们是如何向彼此道歉的，是如何原谅彼此的，是如何继续相亲相爱的。因为家人就是这样，我们无法避免意见的不统一，但是我们可以学会怎样沟通、怎样包容、怎样化解争端和原谅彼此。让孩子看到生活的真实，他们就会对生活有更真实的理解。

我的父母像那个年代的大多数父母一样，心甘情愿地为我付出，不求回报，这是父母的伟大一面。但是我认为这种做法，非常容易让孩子变得自私。因为我年轻时，确实认为父母为孩子付出是理所应当的，那是他们自己愿意如此，我从没要求过他们那样做。但直到我生了孩子，才明白为人父母之心。

我们可以不要求孩子对我们的付出有所回报，但是教导孩子有感谢的心，有回馈社会的责任感，才能让孩子在未来寻找到自己，才能让他们始终积极生活，对所有的一切充满善意。

而我们作为父母，要学习接受孩子的感谢。当孩子对我们表达感谢的时候，我们不应该拒绝这种谢意——"用不着感谢，这是父母该为你做的"，这样会让孩子觉得父母所做的一切都是父母欠孩子的，是他们应该做的。在这种教育理念下成长的孩子，会形成惯性思维，觉得别人为自己所做的事情，要么是他们心甘情愿这么做的，要么就觉得这是他们的责任和义务。

培养孩子的感恩之心，我们可以按照下面这几种方法，来让孩子懂得尊重与感恩：

1.让他们把值得感恩的事情写下来。

写感恩日记。表达感激之情不用局限在曾经的经历上，也可以让孩子思考一生中最喜欢的事情。在感恩日记中简单地写下孩子的感想，或者把他的感受画下来，然后让他写下三件最令他值得感恩的事情。

2.当孩子为我们服务的时候，我们要学会跟他们说"谢谢"。

只有言传身教，孩子才能通过模仿来学习感恩，才能把感恩这种理念深深印刻在心中。

3.当孩子跟你抱怨的时候，可以先倾听他们的感受，接纳他们的情绪，然后把他们的视角引向感恩。

有一次，我们几个妈妈带着各自的孩子在一个房间玩，不小心弄倒了堆在墙边的架子，孩子们吓得哇哇大哭。我们快速地检查了一下孩子，发现没有人受伤，他们只是被吓到了。待孩子们安静一些后，我对他们说："我知道你们真的很害怕，我们也吓了一大跳呢。不过你们真的很勇敢，比我想象的要勇敢多了！现在你们都知道这些架子很危险了吧，以后就知道不能随便动这些堆在墙边的架子了吧？"孩子们点点头。

我接着说："我发现你们都没有受伤哦，真是太幸运了，真是非常值得感恩的事情哦。"孩子们点点头，想着自己的幸运，很快就恢复了心情，继续玩起来了，不过他们这次远远地避开了有架子的区域。

4.和孩子一起做志愿者。

激发孩子的感激之情，最好的方法是带他们参与一些社会性服务，比如去福利院或老人院做志愿者。我们不需要说什么，只要带着他们跟我们一起做，孩子们自己就会懂得这个道理。

5.让他们明白通过自己努力所获得的东西，是来之不易，并值得感恩的。

一般孩子的所有物品都是父母无偿提供的，很少是通过自己努力而换取的，所以他们很少有感恩之情。所以我们应该给他们设置一些任务，让他们通过自己的努力获得报酬，然后再去买自己想要的东西。这样得来的物品，孩子们通常都会很珍惜，也会由此想到父母的不容易，从而对父母充满感恩。

当我们的内心充满感恩之情，内心就会充满满足感与幸福感。从小让孩子对周围的一切充满感激，会使得他们更加懂得尊重和理解他人，在人生道路上会成为一个温暖幸福的人。感恩是我们每一天的功课，让我们一起学习。

3.7 孩子的性教育，一定要知道的 6 个原则

"妈妈，我是哪儿来的？""70后""80后"的集体记忆应该是"垃圾堆里捡来的"！而"90后"的集体记忆估计变成了"充话费送的"！

父母对"性"羞于启齿的态度，多少让我们在性教育的道路上有过艰难的独自摸索期。更重要的是，这样的答案，恐怕在孩子心里永远埋下了没有安全感的隐患。希望已经为人父母的我们，在面对这个问题时，答案是有爱的。

记得刚去芬兰的那个冬天，我曾见到一家人（儿女已成年）"赤诚相对"地蒸桑拿，这让我大跌眼镜。我接受不了这种行为，却被我老公嘲笑了——"不要那么大惊小怪地盯着人家看。"

说实话，就是时至今日，我还是不能完全接受这种行为，因为中国的传统文化一直根植在我潜意识里。对孩子的性教育启蒙，我跟孩子的爸爸多多少少存在一点儿"文化差异"，最后我们决定不大张旗鼓地教育孩子，而是把一些关于性的知识

点融入平常的游戏中，融入生活的习惯中。

哥哥6岁时，正好有一个很棒的德国动画小视频，详细讲述了小宝宝是怎样形成、发育和成长的。我把他们3人叫来一起看这个视频，他们一起津津有味地看了两遍。接下来的一两周时间，他们让我重播了几次，之后就慢慢忘记不再提了。也是从那以后，他们三个就再没问过"我从哪里来"这个问题了。

虽然我没有特意去教他们如何保护自己，但不得不说3个孩子还是"自我成长"得很不错，每一个人都知道别人不可以随便看和摸自己的隐私部位。有一次，妹妹在屋里换衣服，哥哥们在旁边看书，他们一扭头看到妹妹拿着衣服站在旁边，哥哥很"嫌弃"地说："你要去厕所换！"妹妹生气地说："你才应该去厕所，这个房间是我的！"于是哥哥们灰头土脸地从屋里走了出来。

对孩子进行性启蒙，是一个自然而然的过程，有几个原则需要注意：

1.不避讳，以开放的态度跟孩子讨论关于性的问题。

孩子有关于性的疑问，我们应该把它看成正常问题，不要大惊小怪。

有一次我们全家开车一起出去玩，哥哥突然一边哼哼，一边不住用手挠裤裆，我从后视镜里看到他把手伸到了裤子里。

我有些"愤怒"地回过头去问他:"你在干吗呢?"他说:"小鸡鸡突然变大了,又痛又痒!"那时妹妹4岁,和弟弟一起懵懂地歪头看着哥哥,不明白发生了什么。

我感觉相当尴尬,但想了想如果事态扩大,反而让孩子们更好奇。于是我"不动声色"地转头问爸爸:"你儿子这是怎么了?"孩子爸爸说很正常,男孩子的小鸡鸡在那个年纪就是会莫名其妙地突然变大。

于是,我稳定了一下自己的情绪,安慰哥哥说:"这很正常,等下我们到了终点,你可以去厕所挠痒痒。爸爸说每个男孩儿都会碰到这样的事情。"于是,哥哥不再惊慌失措,逐渐安静了下来,弟弟和妹妹扭过头去继续看风景了。

这件事让我记住,养育男孩儿,不管遇到多尴尬的场面,妈妈都要镇定地跟他说话。如果有些话题太敏感,不适合妈妈说,可以让他去找爸爸或男性亲属解答问题,还可以帮他找到相关书籍让他自己去阅读,以寻找答案。

2.让孩子认识人体的结构,打破身体构造的神秘感。

孩子在某个年纪,就会对人的身体产生好奇。在芬兰,就有弟兄姐妹趁父母不在,玩"医生和病人"的游戏,结果意外时有发生。我曾经跟孩子爸爸专门讨论过,我们的结论是:孩子对性越好奇,就会越想要找到答案,我们不妨在他们年纪小的时候，就打破性的神秘感，让他们清楚地知道身体的构造。

孩子们小的时候，我们全家会一起蒸桑拿，但等他们四五岁能区分男浴、女浴以后，我和孩子爸爸才分开行动，他带着哥哥、弟弟，我则带着妹妹。

哥哥五六岁时，我买了一本《中英文对照大图典》给他。后来发现他对着人体构造那部分研究了很长一段时间。当他看够了的时候，弟弟接着又研究了一段时间。妹妹跟着看了几次，不过一直到现在，妹妹似乎都没有像哥哥那样有研究人体结构的兴趣。

3.大大方方在孩子面前秀恩爱，也常常拥抱他们。

我们要告诉他们拥抱是情感的一种表达方式，但如果对方不是家人，就需要征得别人的同意才可以拥抱。也许妹妹受这个启发，5岁以后她也不再主动亲吻陌生人了。有一次，她跟一个很喜欢的阿姨说："我很想亲亲你，但你不是我的家人，不可以亲。"阿姨极力诱惑她，却被她很"有原则"地拒绝了。

4.保留男孩儿的成长空间。

我家两个男孩，曾经很让我崩溃的一件事是他们会攻击彼此的下体，有时候是好玩的打闹，有时候是生气的攻击，吃亏的那个会常常跑来跟我告状。我问爸爸："你们男生都这么野蛮吗？"他说这个现象在男生之间确实很常见，因为这个动作会引起对方的注意，会引起很强烈的情绪或者羞耻感。

虽然给他们自由，但父母的监管一点儿不能少。作为妈妈，我的处理原则是：告诉他们这不是什么光彩的事。但如果他们一定要用这样的方式对待彼此，输的那个就要愿赌服输，不许来告状！父母虽然要保持警惕之心，时刻了解孩子们的问题，但只要一切在可控范围之内，不超越底线，就给他们自由的空间成长，让他们像男人一样自己解决问题。

5.引导孩子对性别有正确的理解。

男生和女生的区别，不仅仅是身体和生理的不同，更重要的是心理上对自己性别的认同。我们要告诉孩子的是性别是平等的，从小就不让他们对性别有固化思维和刻板印象。比如我小时候，受家人影响，会刻板地认为女孩子不能从事哪些工作，以至于不敢追求自己倾心的职业。

6.与其阻止孩子们看成人电影，不如培养他们的判断力。

很多青春期孩子的择偶标准，很可能在孩子小学阶段就被潜移默化地建立了。所以，我们要提早介入、了解、参与孩子成长中的三观建立，这比到青春期的时候再去扭转，要有效得多。前段时间，网络群嘲摘掉童年滤镜后，那些电视剧中雷人的三观，那时候我们不觉得这些三观不正，不正是因为那时候没有人教给我们正确的判断标准吗？

我们不要只做操心孩子吃吃喝喝和学习的父母，更要提早一步，让孩子早一点儿了解社会，了解这个世界也有人心险恶，让他们早一点儿对自己的性别有正确的认知，对婚恋和价值观有自己的把握，我们才能早一点儿放下一直揪着的心。

对孩子的性教育，借用张北川教授说过的话，"千万不能把生育当作性的目的，把无知当纯洁，把愚昧当德行，把偏见当原则"。

第四章

同理心：
引导孩子学会情绪管理

4.1　孩子的问题不是问题，看懂孩子行为背后的心理

　　孩子的大哭大闹经常让我们崩溃，我们会觉得他们的哭闹挑战了我们的权威，进而引发我们的情绪，最终演变成权力之争——我们都在捍卫自己的权力，谁都想让对方听自己的。但在孩子的情绪问题上，我们都忽略了一件事：**孩子的情绪背后，真正要表达的到底是什么？**

　　父母与孩子一旦陷入权力之争，就会过快地判断孩子的需求，而且停留在表象上，无法看到孩子真正的需求。之前我说过我家妹妹曾因为哥哥碰了她的东西就大发脾气，但实际上，她发脾气是因为自己没完成作业，惧怕上学，想用发脾气来拖延时间。当然，我并不认为这是她精心策划的小计谋，因为孩子说不出她具体的担心、难受的感觉，她只是本能地把让她不舒服的事情联系起来而已。

　　我家三个孩子在想吃某个东西的时候，绝对不会过来问我可不可以吃，他们一定会过来问："这个是什么？你在吃什

么？"难道他们真的不知道那是什么东西吗？才怪呢！他们只是把自己的真正需求掩藏了起来。

孩子的问题不是问题，其实正是他们解决问题的办法。而我们要做的，就是帮助他们正确分析出他们到底想要什么？他们不开心的真正原因是什么？

在家里，我经常福尔摩斯附体，跟三个孩子斗智斗勇。比如，我让孩子们打扫卫生，他们基本不会当面否决我的要求，但是他们会一直拖延打扫卫生的时间，拖延到让你只想冲着他们"河东狮吼"。

后来，我发现他们不打扫卫生其实是有原因的——他们内心里对我们有情绪，所以才不想听我们的话。后来当我花时间解决了跟他们的关系问题后，他们就自觉自愿地主动参加劳动了。即使要我提醒他们，最多也就说他们两次，他们就会很快行动起来，把自己的房间打扫干净。

有一段时间，我家妹妹晚上总是会跑到我们床上想跟我们一起睡。我问她为什么，她说因为害怕，我相信这是大部分孩子的答案。我又问她为什么害怕？她顾左右而言他，说哥哥们吵到她睡觉了，说哥哥们晚上开着灯她睡不着……看来问题又出在了她跟哥哥们的关系上。随着后来的观察，我发现两个哥哥常常跟别的孩子一起攻击妹妹，不愿意跟她一起玩，所以妹妹心里对哥哥有怨气，晚上也不愿意跟他们同屋睡觉，她这是希望和哥哥保持距离。

我们要想解决孩子的问题，可以做到以下几点：

第一，要先接纳孩子的情绪，他处在足够的安全感中，才会愿意分享自己不舒服的感觉，才能真的发现真实问题。

第二，我们要让孩子说出事实，而不是让他们一味地指责和抱怨。抱怨会给人带来很强的负面情绪，我们可能听不到一半就开始反驳孩子了。所以，我们要尽量引导孩子说出事情的经过，而不是说谁谁不好，谁谁太笨，谁谁太拖拉……我们要培养孩子不抱怨的习惯，引导他讲出让他不开心的事情。

第三，我们要帮助孩子分析事情，解决真正的问题。通常，家庭中70% ~ 80%的矛盾都是因为关系出现了问题。当孩子感受到成人之间的紧张关系时，他也会感觉不舒服，会没有安全感，会模仿我们的态度。所以改善家庭成员之间的关系，重新建立孩子的安全感，常常是解决问题的前提。

我家的哥哥和弟弟不喜欢带着妹妹玩，只要有别的小朋友来，他们就会跟别的小朋友一起把妹妹推出房间。当我发现了这种现象，就去找他们聊天，这才找到了他们不愿意和妹妹玩的真正原因：他们有嫉妒的情绪，觉得妹妹占据了妈妈更多的爱；觉得妹妹总是哭哭啼啼的，还总是告他们的状；他们觉得妹妹的行动太慢了，给他们造成了不便。

我跟他们讲我们为什么要照顾妹妹，为什么他们认为的不公平是错误的。我举出几个事例证明其实爸爸妈妈对他们都是公平的，对他们也有偏向的时候，而不是一直偏向妹妹。人的记忆都是有偏差的，他们只是记住了爸爸妈妈偏向妹妹的时候，而忽略了爸爸妈妈偏向他们的时候。

当我跟他们分析完以后，哥哥们知道了爸爸妈妈没有偏向妹妹，心里舒服了许多。我又为他们讲男生跟女生的区别，哥哥和妹妹的差别，以及我们为什么要照顾妹妹（当然，妹妹也要尊重哥哥，这是妈妈要去跟妹妹谈的）。但是，我们谈得并不愉快，后来我索性抛出了撒手锏，我告诉他们，将来男孩子要照顾自己的家庭，照顾自己的太太和孩子，所以妹妹是他们练习的对象。这一招，对两个小男孩竟然相当有效。

经过两三次的沟通和训练后，哥哥与妹妹之间的关系有了改善。虽然他们彼此偶尔还是会互相告状，但明显敌对的现象少了很多。而且哥哥们也知道他们单独出去玩时，如果妹妹想回家，他们会先把妹妹送回家。

对于那些年龄小、无法直接讲出原因的孩子，父母可以与他们一起玩角色扮演的游戏。比如可以先让他扮演医生，你扮演病人，然后再互换，让他讲哪一天发生了什么事情，让他觉得不舒服……总之，我们需要花一些时间来引导孩子说出他们的感受，找到情绪的真实原因。

家有多宝的父母，不妨将责任感引入儿女的竞争中，千万不要陷入法官的角色中，每天为他们的小打小闹判定是非。而是要透过他们的吵闹，分析出他们背后的关系问题，只有抓住孩子行为背后的心理，才能真正解决他们的问题，让整个家庭被爱环绕。

4.2　是时候认识一下你大脑里的"特工队"了

相信很多父母都有被孩子的哇哇大哭弄到崩溃的经历。我就曾经被女儿哭到几乎崩溃,恨不得练一套"九阴白骨爪",把她的嘴巴封上。但是她气吞山河的气势,不仅引来旁人侧目,还专门追着我哭给我看,我打不得,也吼不得,真是恨得牙根痒。

虽然我们总在讲要接纳孩子的情绪,但接纳这样一个哭得令人烦躁的孩子,真的很不容易。难到让人想跺脚,想撞墙,完全没有办法保持好妈妈的温柔形象。

2016年,我看了彼特·道格特导演的动画片《头脑特工队》,对孩子的情绪、心理、记忆、潜意识等有了具象化的认识。动画片把情绪具象化为5个充满活力的小人——这让我不得不佩服导演和编剧的想象力,难怪这部剧拿下了2016年第88届奥斯卡金像奖最佳动画长片奖,并获得了全球小朋友的喜爱。《头脑特工队》的心理学顾问是保罗·埃克曼,他是美剧《别对我撒谎》里男主角的原型，他因为善于通过表情来判断人的内在情绪而享誉世界。

电影的情节非常简单，小女孩莱莉因为爸爸的工作调动，从明尼苏达州搬到了旧金山。在新的环境下，莱莉身上发生了很多事，尤其是她的心理发生了很大的变化，对于这种心理情绪的变化，影片用了5个情绪小人——乐乐、忧忧、厌厌、怕怕和怒怒表现了出来，这5个小人是人的记忆、潜意识、梦境的一个缩影。

在莱莉的大脑中，有一个五彩斑斓的世界，五个形态各异的小人交替控制着莱莉的心情：

乐乐是一个金色的小人，她掌控着莱莉快乐的情绪。她的主要职责是让莱莉时刻保持乐观的情绪，让莱莉把困难当成挑战，把不好的事情当成快乐的契机。

忧忧是一个蓝色小人，她掌控着莱莉的忧伤情绪。她总是很消极，对世界保持着悲观的态度，不想动，每天只想躺在地上哭。她总是忍不住想要触碰记忆球，可她碰到的记忆球会变成悲伤的蓝色，且不能撤回。虽然忧忧也想在保护莱莉上做出自己的一份贡献，可是她只能遭到大家的嫌弃，大家觉得她只会添乱，根本起不到什么作用。

怒怒是一个红色小人，他掌管着莱莉的愤怒情绪。他是个脾气暴躁的人，遇事爱冲动，性子比较急。他总是在莱莉遭受到不公平待遇时特别激奋，表示一定要为莱莉讨回公道。

厌厌是一个绿色小人，她掌管着莱莉的厌恶情绪。她的性格很高傲，又非常固执，她的任务是使莱莉时刻保持谨慎的态度，并保护莱莉不受伤害。

怕怕是一个紫色小人，他掌管着莱莉的害怕情绪。怕怕是一个胆小怕事的人，他认为周围一切都是陷阱，他的任务就是保护莱莉的人身安全。

这五个性格完全不一样的小人，就这样各司其职，保护着莱莉，陪着她健康长大。到了旧金山新家后，莱莉在乐乐的帮助下，抑制住了自己对新环境的失望，可第二天在新学校进行自我介绍时，忧忧却不小心使莱莉的核心记忆球变蓝，造成她的情绪失控。乐乐想使莱莉的情绪变好一点儿，可是在慌乱之下，她和忧忧一起被记忆球管道吸进了储藏记忆的脑内深处。这场意外使莱莉的情绪只能由怕怕、厌厌和怒怒几个慌乱地控制，于是，莱莉的情绪变得暴躁、烦闷，甚至离家出走了，最后，莱莉的大脑中心失去了控制，完全停止了思绪……

另外，这部动画片还表现了记忆在头脑中是怎么运行的：

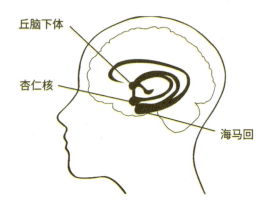

丘脑下体

杏仁核

海马回

　　在动画片中，大量的情绪色彩记忆球每天都会涌向情绪小人所在的总部——人脑中的杏仁核，这些情绪色彩记忆球，就是短时记忆。每当莱莉产生一段记忆时，大脑就会生成一颗水晶球。记忆中有不同的情绪，它们所对应的颜色也会不同。

　　当爸爸让小莱莉吃西兰花的时候，情绪小人厌厌会主控电脑，生成一颗绿色的记忆球。在晚上睡觉的时候，小莱莉的大脑中的记忆球会通过一条真空管道，发送到储藏室，即人脑中的海马回和周边的脑区，变成长时记忆。在储藏室里，有大量的五彩缤纷的记忆球，就像一个由脑回和脑沟组成的迷宫。

　　当你以后想起这段记忆时，储藏室里的记忆球会被运送到总部，所对应的情绪小人就可以通过投影来观看这段"记忆视频"。另外，储藏室里有专门的工作人员来打扫"卫生"，那些长期不用的记忆球，会被清理出去。不过，绝大多数的记忆球只是静静地待在大脑总部，只有长久没用的，才会自行消失，这个过程就是遗忘。

当忧忧碰到乐乐主导的一颗记忆球时，记忆球的颜色就会变成蓝色，这表现了记忆不稳定性——当你想起一件往事的时候，你可以感觉很开心，也可以感觉很忧伤。

同样，记忆也能主动影响人的情绪——乐乐为了让莱莉开心，会主动召回储藏室里的长时记忆球。动画片里的核心记忆球有着举重若轻的地位，它总是金光闪闪，有着较强的情感色彩，这就是我们在心理学上所说的"情结"。

有一次，在回家的路上，乐乐与忧忧遇见了莱莉儿时幻想出来的玩伴冰棒，冰棒和莱莉有过很多奇妙的经历，只是莱莉已经很久没想起它了。这一点很像我家妹妹，她会幻想自己有很多好朋友，经常把自己的心里话讲给她的朋友听。

俄勒冈大学的心理学家玛乔丽·泰勒和华盛顿大学的斯蒂芬妮·卡尔森曾在《发展心理学》中表示，在7岁以下的孩子中，65%都曾至少有过一个"幻想朋友"。泰勒和卡尔森的研究表明，有"幻想朋友"的孩子一般都比同龄人更优秀。他们的口才会更强，也可以很好地与他人共情，理解他人的想法。还有研究表明，拥有"幻想朋友"的孩子，可能比平均水平的孩子的智商更高，也有更强的社交力。这种"幻想朋友"的习惯，会在孩子十几岁的时候慢慢消失。

在乐乐的鼓励下，冰棒决定跟她们一起返回莱莉的大脑总部，去唤起她的美好回忆，让莱莉的情绪重新高涨起来。于是，三个小伙伴一起在莱莉头脑中的各个领域探险。

想象之地

冰棒是想象之地的常客，它自己就是莱莉的想象。它身体是棉花糖做的，它有猫咪的尾巴和大象的鼻子，还能模仿海豚的叫声，它色彩鲜艳、性格活泼，哭泣时眼睛里流出的都是糖果。在想象之地，还有魔幻的云朵镇、岩浆河、纸牌屋……

学前教育世界/幼儿园的世界

这里紧邻想象之地。在莱莉11岁的时候，她正经历着心智上的巨大变化。所以，他们一行人到这里的时候，很多设施都开始坏掉——饼干城堡被拆掉了，公主梦幻国和毛绒玩具名人堂被撞烂了。

思维列车

思维列车在莱莉的大脑内穿行不止，电力货运车的目的地是头脑总部，它没有固定轨道，思维自由散漫。

抽象思维的房间

房间里被分为四个阶段：

第一个阶段：抽象碎片(Non-Objective Fragmentation)，抽象思维开始运行时，乐乐变成了3D几何图。

第二个阶段：解构(Deconstruction)，三个人的身体开始分开。

第三个阶段：二维化(Two-Dimensionalization)，几个小伙伴变成了二维的平面形象。

第四个阶段：失去形状(Non-Figurativity)，他们变成了单一颜色的几何图形。三个人恢复了原形，乐乐变成了星星状的火花，忧忧变成了泪珠，冰棒的鼻子变成了大象鼻子。

思维是人类所具有的高级认识活动，基本过程包括分析、综合、比较、分类、抽象和概括等。抽象，就是抽掉具体的形象，得出同类事物共同的、本质的特征的思维过程。比如裤子、衬衣、毛衣、外套是具象的，而"水果"就是一个抽象的概念。

儿童心理学家皮亚杰认为孩子们从11岁开始，就进入了形式运算思维期(Formal Operational Stage)，开始具有抽象思维和逻辑推理的能力。而电影里的莱莉正好是11岁，刚刚有了抽象思维的能力。

梦工厂

做梦，是人在睡后大脑皮层未完全抑制，脑海中出现各种奇幻情景，是人类的一种正常生理现象。梦，一直是我们所研究的对象，皮克斯所创造的大脑大冒险，也对梦境这个主题做了神奇的创造。

虽然我们无法对梦下定论，但我们都相信梦境与现实生活有很大的联系。在动画片中，莱莉自己创造了自己的梦，她是编剧，而几个小人一起上阵布景并表演，记忆是素材，并用现实畸变滤镜，向我们展示了梦境的荒诞。

潜意识

在动画片中，潜意识存在于梦工厂的深处，门口有两个保安守护，大门里面藏着莱莉最隐秘又无法抹去的记忆。

弗洛伊德的"冰山理论"指出，人的意识就像一座冰山，露出水面的行为只是一小部分，但隐藏在水下的大部分都是人的潜意识。

在影片的结尾，忧忧和乐乐及时返回到了大脑总部，他们让忧忧操控控制台，使莱莉变得忧伤，从而思念自己的父母。最后，莱莉自己回家了，与父母倾诉自己的烦恼。随着莱莉的哭泣，她大脑里崩塌的亲情岛、诚实岛和友谊岛等都被重建起来，甚至变得更雄伟壮观。

最初，莱莉的情绪小人只有一个人能操作控制台，说明孩子小时，更多的是非黑即白的情绪，而随着孩子年龄的增长和心智的成熟，操控台不断扩展，每一种情绪都有了自己的操作界面。多种情绪的同时操作，催生出更多的复杂情绪，比如尴尬、羞耻、内疚、自豪等。这一切也许正是孩子成长过程中的变化。

4.3　先解决情绪，再解决问题

　　相信很多人都有在驾校学习开车的经验，第一次开车上路的我们，肯定是惶恐而无助的，唯一能信任的，就是坐在副驾驶的教练。什么时候必须踩刹车，什么时候踩油门，教练的指导对学生的影响可想而知有多么重要。这一境况是不是很像我们的亲子关系？

　　没有任何生活经验的孩子，却掌握着未来的方向盘，而我们就像坐在副驾驶的教练，我们对孩子的指引，决定了孩子的一生。正面管教创始人简·尼尔森说过："在纠正行为前，先建立感情（Connection before Correction）。"想想我们学习驾驶的经历，也许就可以很好地理解这一说法了。

　　很多孩子控制家长的利器，就是哭闹不止。也许他们哭闹几分钟还可以忍受，但超过十几二十分钟，父母就会很惊慌，会开始想尽一切办法来阻止孩子发泄负面情绪。有的父母会给孩子糖，有的父母会答应他们的无理要求，有的父母会忘记孩子此前犯的错误，不再予以惩罚，也有的父母会冲着孩子大嚷——哭什么哭，有什么好哭的……总之，这些行为都给了孩子一种暗示：有负面情绪不对，你不能有负面情绪。

我们常常能在马路上看到刚学会走路的孩子不小心摔倒了，哇哇大哭起来，祖父母会心疼地跑过去，一边数落孩子不小心，一边拍打地面说："都是它不好，把你摔疼了，我们打它，不哭不哭，我们打它……"孩子虽然会因此暂时停止哭泣，但以后不管发生了什么事情，都会用报复来缓解自己的坏情绪。

还有的父母虽然不用这样的做法，但是会呵斥孩子："都跟你说了，你就是不小心！你看，下次你还跑不？！"这样的做法，使孩子非但不会停止哭泣，反而会哭得更大声。

在前文提到的《头脑特工队》中，我们会看到情绪是如何互相配合的，当孩子感受到危险的时候，那个脾气暴躁的急性子怒怒就掌控了情绪操控台，那个时候，孩子的所作所为都是在保护自己，他听不进去父母的任何教导。所以让控制台换人的方式，就是打消孩子感受到的敌意。我们可以温和地扶起他，体会他的疼，告诉他："妈妈也知道，这是很疼的。"孩子的情绪被接纳，感受不到危险了，乐乐就会重新回到控制台，让正向的情绪主导后面的行为。这时候我们再告诉他"不要跑，要小心"，孩子才会听得进去。

大宝三年级以后有一段时间，总会在我一进门的时候，就跑过来跟我抱怨作业太多，他写不完。我工作累了一天，结果一进门就面对着一个乱糟糟的屋子和一屋子乱糟糟的孩子，真想立马转身就离开，接着去单位工作。所以，此时的我是非常急躁的，我会皱着眉头冲他喊："你有什么好抱怨的？我工作一天不比你那两页作业多啊！你还向我抱怨？赶紧写作业去！"

结果不到两天，我就接到了老师的电话，老师跟我说大宝不做作业，这让我心里更窝火了。后来，我梳理了一下自己的思路，觉得自己确实做得不对，这可能是他完不成作业的原因。所以当他过来跟我抱怨的时候，我会说："听起来作业确实很多啊！上学可真不容易。"然后大宝就过来找我抱抱，接着就乖乖进屋继续去写了。我想他来找我抱怨，其实只是想寻求一下安慰，寻求一下我对他的支持罢了。虽然他说不出自己的真实需求，可一旦我们认同了他的感受，他就从父母那里得到了坚持下去的动力。

后来，面对他的情绪，我会多用"哦，真的吗？""呀，真是太不容易了。""嗯……哦……这样啊……"虽然这些话听起来很敷衍，可是我确实是在认真倾听孩子的情绪，不评判对错。这样的"敷衍"对孩子很奏效，孩子的情绪真的好了很多，故意不完成作业的现象也几乎不再发生，他甚至爱上了写作文，偶尔课间还给同学们写小故事。

学会倾听，倾听孩子藏匿在内心深处的担心、失望和无助，无论是对孩子还是父母，都是无法估量的财富。

除了接纳他的情绪，我也会在合适的时间引导他，"如果你不抱怨，而只是说事实，那么别人听起来就会感觉舒服很多，不会朝你发脾气了。""虽然我们的情绪会不好，但还是可以尽量好好说话的。""弟弟妹妹的一些行为确实让你很烦躁，如果你也试着像妈妈一样接纳他们的情绪，好好说话，看看会发生什么？"……

除了我上文中所说的用倾听的方式解决孩子的情绪问题，还可以试试以下几种方式：

1.用肢体语言来表达对孩子的关心和支持。

我们可以把手搭在孩子的肩膀上，给孩子一个拥抱，或者拉着他的手静静地陪在他身边……每个家庭都有自己独特的表达爱的方式。我们可以试着找到更多属于自己家庭独有的表达方式，当孩子感觉糟糕的时候，这独特的表达爱的方式，会带来意想不到的惊喜。

2.修复冷漠的亲子关系。

"我爱你，我很在乎你"，这样的话语对含蓄的中国人来说很难表达，但在孩子还小的时候，父母很容易就说出这样的话，所以表达自己对家人的爱，其实并不像我们想象中的那么难。随着孩子年龄的增长，亲子关系的冲突会越来越多，我们会渐渐失去说爱的语言的动力和能力。所以，如果我们想要修复一段关系，就要对着镜子多练习说"我爱你"，也可以趁孩子睡觉的时候先抱抱他，在他说让你生气的话之前，先说出你爱的语言，我想没有一个孩子会拒绝父母真正的爱。

3.温和而坚定地接纳孩子的情绪，不意味着要放弃规则与界限。

记住我们前面讲过的界限与温和而坚定的态度。不要被孩子的哭闹和周围人的干涉搅乱了自己的情绪，走上或过于骄纵孩子或过于坚定的老路。我们要适当建立规则和界限，让孩子知道我们的底线，才能让他更加有分寸感。

美国儿童心理学家鲁道夫·德雷克斯说过："爱不是一种情感，而是一种关系。"当我改变了之前的错误教育方式，选择先处理情绪，再纠正孩子的行为，我们家的家庭气氛果然跟过去不一样了，我们与孩子的关系也变得越来越好了。

4.4 放弃权力之争，聚焦问题解决

在《正面管教》这本书中，简·尼尔森列出了孩子的四种不良行为，分别是：自暴自弃，报复，权力之争，寻求过度关注。据我在生活中的观察，我发现孩子们的行为基本逃不脱这四种模式。大家可以根据孩子的问题对号入座，从家长的感受和孩子的回应找出孩子行为的底层逻辑。

1. 寻求过度关注。

家长的感受：会为他们的行为感到心烦、恼怒、着急和愧疚，从而采取提醒、哄劝的方式，或者干脆替孩子做他自己已经会做的事情。

孩子的回应：行为暂停片刻后，很快又回到原样，或者换成另外一种打扰人的行为。

有这种行为的孩子，背后的信念是他需要得到特别的关注或特别的服务，才会有归属感。只有让别人围着他团团转的时

候，他才能感觉到自己是重要的！

对待这样的孩子，我们应该多关注他，多跟他说"我爱你"，或者跟他设定一些爱的暗号，经常性地抚摸、拥抱他，让他能够感受到自己被父母所爱。

2.权力之争。

权力之争可以说是一种最普遍的亲子相处模式，孩子在很小的时候就会有权力之争的意识。简单地说，权力之争就是双方在争执：到底谁说了算？

家长的感受：被激怒，感觉受到了挑战、威胁。他们所做的回应，要么是"我就不信我还收拾不了你"，要么是疲惫不堪地缴械投降。

孩子的回应：继续做一些不良的行为，并发展为对抗、顶撞，或者消极抵抗。有的孩子在看到家长或老师生气后，就觉得自己赢了；有的孩子虽然有暂时的屈服，但内心是不服气的；还有的孩子会因为自己赢了而变本加厉。

寻求权力的孩子的信念是："所有的事情都应该由我来主导或控制，没人能主导我时，我才有归属感。"被压抑久了的孩子，在长大后有了反抗能力时，将会特别强烈地要求拥有自己决定的权力。所以，我们在对待这样的孩子的时候，最不能做的就是强迫他们，应该将强迫变为请求他们的帮助。我们也可以采用既不开战也不投降，而是撤离冲突中心，让自己冷静下来的迂回战术。

但这并不意味着，我们要打破我们辛苦树立起来的界限。我们可以采取和善而坚定的态度，给孩子有限制的选择，培养相互尊重的习惯。在召开家庭会议，设立合理的限制时，也要争取得到孩子的帮助，并且将决定坚持到底，鼓励引导孩子把权力用在积极的方面。

3. 报复。

家长的感受： 受伤害，感觉到失望、难以置信、憎恶。他们心里会有"你怎么能这样对我"的气愤感觉，并打算采取以牙还牙的措施。

孩子的回应： 以一些破坏性的行为或伤害你的话来反击你。

有报复心理的孩子背后的信念是："我没有归属感，受到伤害就要以牙还牙，反正没人疼爱我。"对待这样的孩子，父母首先要做的就是倾听他的感受，帮他处理心里受到的伤害，还要避免对孩子进行惩罚。

4. 自暴自弃。

家长的感受： 绝望、无助，想采取的行动是放弃，或者帮孩子做。

孩子的回应：父母过度帮助孩子，孩子的回应是更加退避，毫无改进。

自暴自弃的孩子背后的信念是："我不相信我能有所归属，我要让别人知道，不能对我寄予任何希望。"孩子会觉得自己无助而且无能，既然自己怎么都做不好，再努力也没用，索性就不努力了。

我们在对待这样的孩子时，要首先表达对孩子的信任，鼓励孩子点滴的进步。要关注孩子的优点，不要怜悯他们，也不要放弃他们，给他们设置成功的机会，教给他们技能，给他们示范该怎么做。我们要以孩子的兴趣为基础，多鼓励他！

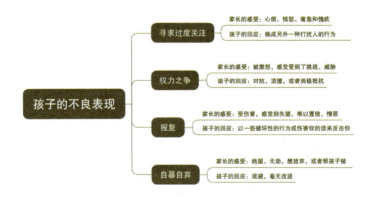

正如《正面管教》这本书中所提到的，父母对孩子行为的情感反应，很多是愤怒和沮丧，这两种情绪其实都是对最初的感觉的第二回应。我们在受到孩子的威胁、伤害后，会有一种

非常无助的感觉，以致会用愤怒作为第二回应，把我们的无力感掩盖过去。

愤怒，至少让我们有一种虚假的力量感，觉得自己可以做些什么来抵抗孩子的行为。尽管我们能做的只是怒吼、咆哮，或者对孩子进行攻击，但这会让我们有掌控他们的错觉。如果我们陷在这种错觉里，而不是尝试理解孩子的感受，我们就会在报复的循环中无法挣脱。

我们可以问一问自己愤怒和沮丧的背后是什么？是觉得自己受到了伤害，还是被击败了？是感受到了威胁，还是害怕了？凭着我们的感受，来找出孩子行为背后的原因。

父母都要关注自己的孩子，但过度关注孩子就会给我们带来问题。过度关注并不是对孩子的鼓励，我们需要把孩子引向建设性的行为，可以给孩子一个对大人有帮助的任务。比如有一次我打电话的时候，我家妹妹一直在旁边跟我讲话，于是我给她一张纸，让她用图画帮我记录谈话内容。

有一段时间，我特别忙，回家跟孩子们相处的时间也很少，每次一回家，妹妹就会立刻扑到我身上不下来，哥哥来找我时，她也会不满地哼哼唧唧，说："这是我的妈妈！"

我会单独带妹妹去买菜，常常拥抱她，让她感受到爱，同时我也会告诉她，我同样爱哥哥们，会当着她的面拥抱哥哥们。告诉她手心手背都是肉，妈妈对他们的爱是一样的。

此外，我们家会有一些特别的小暗号，比如一个人抛出一个飞吻后，接到的人会夸张地去抓住，然后放到嘴边吻一下。我还会把两个食指连成线，妹妹用手指截断它的时候，两个食指就会变成心的样子……孩子们因为这些小小的充满童趣的小游戏，而感到心满意足，觉得自己很特别。所以，每次我离开家的时候，都会跟妹妹做这个手势，她就不再缠着我，而是心满意足地收下我的飞吻，再给我回复一个，然后开心地去幼儿园。

对需要特别关注的孩子，我们要给他特别的安慰，而不是特别的服务，要向他表达信任。除此之外，我们还可以用角色扮演的方式来向孩子表达爱，用游戏的方法陪伴他。

对喜欢权力之争的孩子，我们需要从权力之争中退出来，让双方都有冷静思考的时间，然后再按照以下几项去做：

第一，不强迫孩子做任何事情，请孩子帮助你一起找到对彼此都有用的解决方案。

第二，引导孩子适当地使用他们的权力。

第三，让孩子参与问题的解决。

第四，我们要决定自己要做什么，而不是让孩子做什么。

第五，在家庭会议中寻找解决办法。

在家里，我喊孩子们过来吃饭，如果他们看到餐桌上没有摆好餐具，就会低下头继续干自己的事情。后来，我就只拿我和爸爸的餐具，并告诉他们如果他们不在食物摆上桌子前，自己拿好自己的餐具，安静地坐在椅子上等待，那么他们就只能等到下次再吃饭了。

坐车时，如果有人不系安全带，我会把车开到路边停下来，直到大家把安全带都系上。在强调行为规则时，我们的态度一定要和善而坚定。

那些寻求权力的孩子，有时候会被追逐权力的大人激发起来。当我们在孩子面前总是很强势，他们就会更想获得决策权。如果我们想要孩子懂得合作，首先要学会合作，孩子在感受到我们的变化时，自然会放弃权力之争。

那些报复型的孩子，会用报复来感受伤害的感觉。面对这样的孩子，父母要从报复的循环中退出来，不还击，保持友善的态度，等孩子冷静下来。我们要先思考孩子有这样行为的原因，表达对他受到伤害的感觉和理解，坦诚地告诉他我们的感受。

对于那些自暴自弃的孩子，他们的能力并不是不足，只是觉得对所有事失去了信心，变得心灰意懒。所以我们需要花时间来训练他，比如教他把事情拆解，分成可完成的小目标，让他能够体验到成功的喜悦。只有当他感受到了成功，让他显示出在某些方面的特殊技能，他才会逐渐变得自信起来，以至慢慢肯定自己的能力。

父母一定不能对孩子有完美主义的期待，世上没有一个人是完美的，我们怎么能要求孩子事事都做对呢？我们要时刻关注孩子的优点，不放弃他，定期安排时间陪伴他，让他感受到爱和关怀，这是对抗消极情绪的最有效的魔法。

4.5 积极面对负面情绪，培养抗挫力

不知不觉间，我身边好几位朋友的孩子都相继罹患抑郁症。大家一边感叹世事艰难，一边觉得现在的孩子真是越来越玻璃心了——很难接受失败，很难接受自己不如别人，很难接受别人不围绕着他转。

研究人员曾经对中美两国的小朋友做过一个实验：研究人员先是向孩子们展示了一幅可爱的小熊学钓鱼的图片。当孩子们被问，小熊没有钓到鱼的时候，你还会喜欢它吗？美国的小朋友表示依然会喜爱小熊，但大部分的中国孩子则表示不喜欢小熊了，因为他不努力，轻易放弃。这个研究结果表明，中国孩子普遍都有羞耻感，他们会觉得"如果我不够好，就不值得被爱"。

我们的孩子太容易将家长的爱与自己的行为画上等号，他们总是想靠自己的表现来赢得家长的爱。所以，在这个实验中，孩子们会把自己映射为小熊——如果小熊表现得不好，就不值

得被喜欢，就像他们自己一样。可想而知，孩子们建立在行为上的信心，一旦自己没做好，就会感觉不被爱了，信心也会随之瓦解。

所以，我们要想培养孩子的抗挫折能力，首先要培养的是他们的自信心。当他有足够的自信，就不会因为别人的一句话而开心或难过。只有当孩子不再以自己的表现来衡量自己的价值时，他的抗挫折能力才会自然地提高。

在正面管教的学习当中，我也注意到，抗挫折的重点是我们要聚焦于优点而不是缺点，也就是我们要引导孩子看到积极的一面，而不是只看到缺点。比如有一个盛着半杯水的杯子放在那里，有人会说"哎呀，只剩半杯水了"，而有人会说"幸好还有半杯水"，所以不同的角度，能反映出我们看待事物的心态。

所以，当孩子的目光聚焦在自己的缺点上，我们需要帮助他看到自己的优点。在帮他寻找优点的同时，我们还可以让孩子在做错事的时候，做一些让他有成就感的事情来弥补，从而让孩子感觉到自己的价值。比如我家哥哥每次做完手工后，总是留下一个烂摊子，所以我们会有意识地让他教弟弟妹妹怎么收拾东西。利用不吼不叫的教育方式，他不仅能改掉自己的不良行为，也会树立责任感，去帮家人变得更好。

一方面，当我们把85%的时间和精力都用在关注孩子15%

的缺点时，孩子的缺点就会迅速膨胀，而优点会逐渐消失，因为我们看到什么就得到什么；另一方面，如果我们把85%的时间和精力都用来认可、鼓励孩子，那么孩子的缺点就会逐渐减少，优点就会增长到100%。

当孩子们做出不负责任或者不尊重他人的行为时，我们需要给他们一个机会，让他们做一些好的事情来弥补。这样，才可以帮助孩子们有效地改掉他们原有的坏习惯。

另外，我们还要去教他们如何对待一些事情，并让他们经常受一点儿小挫折。比如我家弟弟的好胜心极强，下棋的时候，他希望自己必须是赢家，所以不惜改变下棋的规则；吃东西的时候，他必须先得到最大最好的那一个，否则他就会给我们看一下午的"哭脸"，让我们充满负疚感。

对于个性如此强烈的小朋友，我们的做法就是**坚持规则，不故意让着他**。比如爸爸妈妈在分好吃的东西时，会故意切得大小不一，随机抽取第一个先挑选的人；孩子们分发好吃的东西时，主持分发的人，只能最后选择。

孩子的天性也许很难改，但是帮他们认识现实、接受现实，教他们调整好自己的心态，是我们可以教给他们的最基本的功课。

第五章

非暴力沟通：
教会孩子说话的艺术

5.1　怎么说，孩子才会听

在上一节中，我们知道了孩子情绪背后的目的，但在日常的相处中，我们该怎么跟他们沟通，才会降低口气中的攻击性，让他们感受到满满的爱意呢？

如果我们没有真正和孩子产生共情，那无论我们说什么，在孩子眼里，我们都是虚伪的，都是想对他们进行操控。所以，我们要想真正打动孩子的内心，还是需要一定的技巧，也需要我们摒弃功利心。

要想跟孩子好好沟通，需要先认识他的三个叛逆期：

2～3岁，是孩子人生的第一个叛逆期，又被叫作"可怕的两岁"，这个时期的宝宝开始出现自主人格，开始学会说"不"，开始有自己的主见。

6～8岁，是孩子人生中的第二个叛逆期，称为"儿童叛逆期"。

12～18岁，是人生的第三个叛逆期，也是大家熟知的"青春叛逆期"。

孩子的不同叛逆期，有不同的个性发展、心理生理发育的特点。对处于在不同时期的孩子，父母需要付出的耐心和应对的方法也不同。下面是跟孩子沟通的几个要点，以供大家参考。

第一，父母要懂得共情，要学会换位思考。

做父母是有一定权威感的，想蹲下来跟孩子说话并不容易，也就谈不上所谓的尊重，因为很多父母意识不到要尊重孩子。但我们只有体验孩子的心情，换位思考后，才能接纳他无论是好还是坏的状态。孩子更容易和一个接纳他们感受的成人沟通，而不是逼着他们做解释。孩子其实并不需要我们认同他的感受，他只是需要我们回应和了解他们的感受。孩子是敏感的，父母的一个眼神、一句话语中轻蔑的语调，都可能深深地伤害他们的自尊心。

我们总是太急于给孩子建议，因为我们会经常忽略他们的真正想法。总是觉得孩子心里想的那些事，我们还能猜不到吗？用我妈的话说就是："你那狐狸尾巴往哪儿翘，还能瞒得住我吗？"

就像别人给我们提建议，我们很少能真的听进去，因为我们所寻求的不是建议，而是别人对我们的理解和支持，是别人能够与我感同身受，能与我们共情，并认同我们的感受。所以，一旦我们开始跟孩子共情，孩子是能感受到自己被接纳的。

第二，鼓励孩子与我们合作。

我们日常跟孩子说话时，语气一定要温柔，态度一定要坚定。尽量用短语，不要啰唆，因为父母一旦开始啰唆，孩子们就会陷入"你又开始了"的失望当中，他们全部的精力都会放在自己的感受上，而不是你的讲话内容上。所以，简短地告诉他们我们希望他们配合的内容就好，这样孩子才会心甘情愿地跟我们合作。

第三，在孩子做错事的时候，我们要郑重地告诉他们哪里错了，而不是吼叫。

我们家的两个儿子一下楼就会疯跑，我们会立刻制止，然后郑重地告诉他们，这样跑，会被突然冲出来的摩托车撞到，自己会受伤进医院。孩子们意识到事情的严重性，就会非常乖巧地听从我们的建议，到楼下的时候会四处看看楼下有没有危险的东西。

第四，当孩子不听话时，要让他们做选择。

我们在让孩子做选择时，不要给出太多选项，尽量控制在3个以内。比如我家两兄弟乱跑的问题，我会告诉他们，要么好好走路保证安全，要么就回家，不要再跟着我们去。这样他们才会很自然地在我们所提供的领域内做选择，也会好管理很多。

第五，我们要善于描述自己的感受。

当我们看到孩子做危险的事情时，我们要善于描述自己的感受。他们只有知道了我们的担心，行为才会有所收敛，内心也才会柔软。

第六，要善于运用文字表达自己对他们的意见。

当我们用语言跟孩子沟通时，难免会起冲突，但是，如果我们用文字的方式表达，可能会让孩子更容易接受，也会避免冲突。

我常常会在孩子们的房门前贴上便利贴：最近房间实在太乱了，我看到以后很想发怒，所以想请你们帮忙尽快打扫干净，以免妈妈脾气失控。谢谢你们让妈妈的心情每天都可以很愉快。

如果我们尝试了以上几种方法都没用，就要采取适当的惩罚措施。惩罚常常是因为孩子没有按照我们的意思做，我们无奈之下采取的强硬措施。适度的惩罚是好的，但太重的惩罚就很难起到好的效果了，而且还容易让孩子觉得他已经受过惩罚，就可以不承担责任了。所以，我们要尽量用平和的沟通来代替惩罚。

我们总是容易看到孩子错的地方，却忽略他们做得好的地方。我们要善于发现孩子的优点，也要善于表扬孩子（具体赞扬的方式可参考1.3的内容）。

5.2 怎么听，孩子才会说

因为原生家庭的缘故，我不知道怎么跟家里人交流，我最喜欢的事情就是下班回家后躺在床上刷手机，奈何"三小只"总会蹦蹦跳跳地挤到我的床上想跟我"聊天"。而我却是妥妥的"尬聊高手"，谈话终结者。

比如有一次，小宝跟我说："我们的英语老师换了，特别凶，真讨厌！"我就斥责她说："你就是不想好好学，有这个功夫，赶紧看英语去！"于是，小宝带着委屈默默回到自己的房间，再也不想跟我说话了。

后来，小宝的脚被石头砸了，等我发现的时候，脚已经肿得很厉害了。我问她："为什么不第一时间来找我？"结果她说："我不敢！"

不敢？我自认为自己跟他们的关系很好啊，为什么她不敢告诉我？她的表现，让我开始重新审视我与孩子们的关系。我发现，随着他们年龄的增长，我们之间看似美好的关系，实际上已经摇摇欲坠：小宝不敢跟我说一些事情，她有点害怕我；二宝不写作业、拒绝考试等叛逆行为已经初现端倪，如果任由其发展下去，可能有一天我真的会被他气到血管爆裂。

良好的亲子关系，一定不是父母的单向沟通。如果孩子不肯张嘴说，我们很难发现他们的问题。于是，我开始寻找解决办法。当我通过学习，开始真的体会他们的心情时，我很为自己的行为感到羞愧和抱歉。我不希望我原生家庭的习惯，再继续延伸到孩子们的身上。

在经典畅销书《怎么说孩子才会听，怎么听孩子才会说》中，有这样一段对话：

场景一：

孩子：她真讨厌！

家长：你们彩排了很多次了！你说得对，她就是够讨厌的！

对话结束。

场景二：

孩子：老师说要取消我们的表演。她真讨厌！

家长：那你一定很失望。你期待了那么长时间！

孩子：是啊，就因为打分的时候，有几个同学捣乱。那也是他们的错啊！

家长：（安静地听）

孩子：而且大家都不知道自己该演什么。老师很生气。

家长：原来是这样啊。

孩子：她说如果我们好好演，就再给我们一次机会……我最好还是再复习一次我那部分。

从这两个场景中，我们可以看出，第二个场景的家长更能接纳孩子的感受，让孩子积极地思考问题。我们每个人在情绪低落的时候，需要的只是有人能理解我们正在经历的事情。

所以，当我家妹妹再来跟我说"我们英语老师换了，她好凶"的时候，已经有经验的我，终于不再是话题终结者了。

我说："是吗？为什么要换老师啊？"

妹妹："我们原来的老师生病了，所以就换了老师。"

我："你为什么觉得她很凶呢？"

妹妹："我们的本子写错了，她会把本子扔到地上！"

我："真的吗？那她有没有骂人？有没有打你们？"

我的心紧绷起来，不知道这位老师有没有体罚学生。

妹妹："没有，但是我们要自己去讲台上取作业。"

我："那确实是挺难堪的。"

妹妹："我不管怎么努力，都没办法写对作业。"

我："如果你需要帮助，我和爸爸都可以帮你检查一下作业呢。"

妹妹："真的吗？"

妹妹很开心，接下来又跟我说了很多，从作业到老师对她的态度……

我们常常会问孩子"你为什么会觉得那样？""有什么错吗？"有的孩子能告诉我们他为什么惊恐、生气、不开心，但在大多数情况下，"为什么"只会给他们增加回答问题的难度——因为这需要他们在难过的心情下分析原因，然后总结出一个合理的解释。当孩子的情绪郁闷时，很多时候他们并不知道自己为什么生气或难过。

有的时候，孩子不敢说出他们的理由，是因为他们担心在大人眼里，他们说出的理由不充分或者大人不会相信他们说的，或者他们觉得那本来就是他们的错，说出来只会让父母更生气而导致更严重的惩罚。

所以，我们要引导孩子说出自己内心的感受，除了语言，还需要用一些身体的行为方式帮助孩子放松下来，感受到你的善意。包括：

1.看着孩子的眼睛微笑，鼓励他，而不是瞪着他。

2.开口之前给他一个拥抱。

3.在听他说话时，不要心不在焉，不要看手机和电脑，听孩子说话的时候就专心地听。

5.3　家庭会议，培养孩子的参与感

在前文中，我多次提到了家庭会议，它简直就是解决生活中各种麻烦问题的"神器"。在家庭会议上，所有的矛盾冲突都可以提出来讨论，并找到解决办法。孩子们也可以趁机参与家庭事务的决策和管理，学会妥协和为自己争取权益，学会以和平的方式解决问题，而不是争吵冲突。

但是，我们家建立家庭会议的过程并非一帆风顺，在很长的一段时间里，我们都无法享受家庭会议带给我们的好处，反而常常发生不愉快的事。要不是经过馨悦老师（畅销书《超人妈妈的时间管理课》的作者）的指点，我们真的会放弃家庭会议这种形式。在随后的几次家庭会议的实践中，我们渐渐摒弃了不适合我们家庭的内容，增加了我们喜欢的环节，才慢慢地找到了适合我们家的独特的家庭会议模式。

"生活需要仪式感"，所以在开家庭会议之前，我们会把仪式感做足，让孩子们感受到，家庭会议是美好地与家人相处的

时间。我们会一起做一些简单的准备工作：做一些好吃的甜点，比如水果慕斯蛋糕，等等。通过劳动和准备工作，会营造愉快的气氛。我还会为爸爸倒上心爱的啤酒，为孩子们准备新鲜的果汁，为自己摆好漂亮的插花，再点上香薰蜡烛，让它成为每个人都喜欢的时刻。

当然，家庭会议不仅可以解决问题，还会成为美好的亲子陪伴时间。所以，每次家庭会议都会让孩子们手舞足蹈、欢欣雀跃。

在家庭会议上，我们可以做的事情有很多，可以分享自己的心情，可以解决家庭中的问题。下面我给大家分享一下我们家的家庭会议会做哪些事：

1.和大家分享这个星期最开心的事和最不开心的事。

这个环节常常带给我们意外的惊喜和收获，一是孩子们常常语出惊人，我们能及时发现他们心中的小喜悦，仅仅是因为我们的某个举动；二是他们的那些不开心的事，会随着时间的推移而消失，他们的心思在发生奇妙的变化，他们从孩子逐渐变为少年，他们的思考、感知能力都在不断地提升。所以，每次家庭会议结束后，我都会跟老公感叹：生命真的太神奇了，要不是我自己亲身经历，还真的很难想象这三个孩子居然是从我肚子里生出来的。

2.分享最值得感恩的人或事。

可以用自己的画、家务卡，或者自己能想到的其他方式，将感恩之心传达给想要感谢的人。接着，我会让他们写5件最感恩的事情。刚开始，孩子们的感谢卡片都给了我，我收集到了很多的家务卡。但没过多久，我就惊异地发现他们要感谢的对象越来越多了，爸爸也拿到了很多张家务卡，姥姥姥爷、弟弟妹妹也都分别收到过别人精心准备的礼物或自制玩具——大哥哥最喜欢给弟弟做玩具，给妹妹画画；弟弟最喜欢给妹妹做讲故事卡，而妹妹则把自己画的卡片送给两个哥哥和爸爸，把自己制作的首饰送给妈妈。

3.其他分享环节。

有时候，我们会分享一本好书，比如哥哥会给弟弟推荐《哈利·波特》，弟弟则给哥哥推荐《汤姆·索亚历险记》。

孩子有时会犯很严重的错误，比如有一次他们晚上不睡觉偷偷玩手机。我和老公就会让他们思考该如何惩罚自己，内容包括停掉2～4周的冰激凌时间、停掉一周的糖果日、停掉去探访姥姥姥爷的时间、停掉去旅行的时间。除了这些惩罚措施，我们也会让孩子们写改进计划，对错误的发生进行复盘和总结，讨论从错误中可以学到什么，怎么能记住这些经验，从而让不好的事情变成好事情。

4.解决家庭问题环节。

比如可以商量，如何为某件爸爸妈妈常常唠叨的事情约定特殊信号，如何安排每天的打扫卫生时间、洗碗时间，如何安排写作业和游戏的时间……总之，那些平常很棘手，又总是引起争吵的主题，我们都会在这个轻松、温馨的环境中讨论，直到找到一个大家都愿意遵守的解决办法。我们摸索出的一个小秘诀是：每次只讨论一个问题，并且聚焦在孩子最难遵守的问题上。说得太多，会影响孩子的专注力和执行力；说的时间太长，会让大家聚焦在问题的细节中，从而忽视了我们要寻找的解决方案。

实际上，之前我们的家庭会议开得不成功，大部分问题也出在这里。我们每次都会迷失在对细节的讨论上，而且想要讨论的问题太多了，关注的点太散，执行起来就很困难，以至于大家都会认为家庭会议徒有其表，根本就不管用。

家庭会议的核心是陪伴与分享彼此的生活，以开心的事情或经历为主，那些负面的、棘手的问题的讨论时间要尽量控制在5～10分钟，最多也不要超过15分钟。

5.给爸爸妈妈提意见环节。

如果孩子觉得爸爸妈妈有哪些事情做得不对，或者可以做得更好，就可以在这个环节跟我们提出来，看看是否有可以改变的余地。比如哥哥曾经提出来要增加游戏时间，虽然最后我们并没有同意他的提议，但是，我们还是表扬了他积极为自己的想法争取机会的勇气。

最后，我们会讨论近期的家庭出行计划、晚餐改进建议、更新奖励办法、零花钱预算等涉及孩子们成长的家庭管理事项。

开家庭会议，是适用于每个家庭的良好的教育形式，它可以让孩子拥有前所未有的自信与自律，让他们对家人越来越有耐心，也越来越愿意倾听别人讲话，可以更好地理解爸爸妈妈在生活中的疲惫，学会共情。在这个过程中，孩子也能学习到如何遵守规则，如何进行感恩，如何表达自己对家人的爱，如何将自己的建议和想法付诸实践，如何说服别人赞同自己，如何实现共赢。

5.4 6种方法，让兄弟姐妹从嫉妒纷争到相亲相爱

家有多宝的父母会发现，这世上哪有什么天生的相亲相爱的一家人，在家里，我饰演最多的角色不一定是妈妈，而是大法官——"妈妈，弟弟又给我捣乱！""妈妈，小哥哥欺负我！""妈妈，妹妹又把我的书抢走了。"……只要我在家，每分钟都有纷争产生，让老母亲心力交瘁。

而我不在家的时候，孩子的爸爸也跑不了，他们会追着爸爸给他们当裁判。爸爸说芬兰语和英语，孩子们说的都是中文，所以孩子们的很多话他都听不懂，他们的官司令爸爸一头雾水，更别提解决他们的问题了，所以他常常打电话向我求救："他们到底在说什么？"

不管我怎么谆谆教导他们不要吵闹，要互相谦让，但似乎都没什么效果。直到后来，我们在群里说起这个话题，大家才纷纷说了自己的经历和办法：

同同的妈妈有三种方法可以让哥哥和妹妹相亲相爱：

第一种办法：用椰子粉做成"相亲相爱丸"，只要哥哥和妹妹为彼此服务或者说赞美的话，就可以到妈妈那里领取"相亲相爱丸"。

第二种办法：妈妈会设法让他们换位思考，培养他们的同理心。比如妈妈会告诉同同，她在同听妈妈话的时候，会感觉到被爱，因为妈妈感觉到被尊重了。妈妈还会说，同同爱妹妹的时候，妈妈也会感到被爱，你爱妈妈，就请你爱妈妈爱的妹妹。

第三种办法：在讲故事时间，妈妈也时常把两个人都编进去，故事里的两个人都是相亲相爱的，孩子们听得很开心，在潜移默化中会慢慢改变自己的行为。

浩浩的妈妈则喜欢用"游戏+正面管教"的方式：

浩浩的妈妈在平常总会反复告诉两个孩子："弟弟最爱哥哥了，哥哥也最爱弟弟了。"这样，本来哥哥想抢弟弟的东西，他就会迟疑一下，改变策略放松下来。

浩浩的妈妈还说，在哥哥推了弟弟的时候，如果你说"不能这样打弟弟"，那么哥哥就会有防御机制，下次还会推弟弟；但如果你跟哥哥说"你是不是本来想用手摸一下弟弟，但没控制好力度"，那么他就会听从你的建议，下次不再用力推弟弟。这样的探讨，会帮助哥哥看到自己的行为中不恰当的地方，哥哥慢慢地就会真的认同自己爱弟弟，自己的行为也会改变。这样，事情就可以轻松解决了。

这两个孩子都比较小，我家孩子大一些，所以我采取了一些不同的办法：

1.设立每个人自己的界限。

哥哥的东西就是哥哥的，弟弟和妹妹如果要用，需要跟哥哥打招呼。

2.设立清楚的规则。

比如我们规定想要分蛋糕的那个人，只能等其他家庭成员挑完以后，自己才能挑选。我们欣赏孩子们有领导力，有主动站出来为大家服务的精神，但权力不能成为为自己牟私利的权柄。

3.如果有人到爸爸妈妈这里来告状，两个人要同时受罚。

爸爸妈妈不是"大法官"，大人的参与是协助他们把打架当成寻求关注、权力和报复的方式。父母站在受害的孩子一边，会助长其"受害者心理"，另一个也会形成"欺压心理"。

4.不可以随意指责别人，随意诋毁别人。

如果有人诋毁了别人，就要为对方做三件事。比如我家二哥很喜欢说："妹妹，你唱歌好难听，不要唱了！"妹妹就会一直哭。后来我们用了这个办法，二哥就很少这么说了。

5. 将小的交托给大的照顾。

比如可以让大哥哥带妹妹去打水或者倒垃圾，以此唤起大哥哥的责任感，但父母绝对不能撒手不管，因为他毕竟还小，不能保护好妹妹。

有一次，我跟朋友去吃饭，忽然接到邻居的电话。原来孩子们在楼下玩，两个哥哥跑了，回来找不见妹妹了，于是发动了小区的邻居帮忙找，觉得闯祸的哥俩让邻居给我打了电话，我吓得腿软，给爸爸打电话不通，差不多10多分钟才找到爸爸，原来爸爸在悄悄地跟踪妹妹，想看看她要去哪儿。这出乌龙让我们捏了一把冷汗，所以不到万不得已时，我们千万不能完全放权让大的照顾小的。

6. 享受彼此的帮助。

哥哥帮妹妹收拾了衣橱，妹妹就要为哥哥做一件事，比如帮哥哥洗碗。

前段时间，我们要去泡温泉，因为妹妹一直找不到自己的泳衣，我很生气，告诉她再找不到的话，她虽然可以跟着我们一起去，但只能在旁边看着我们。我们上车后，大哥哥忽然问我："妈妈，泳衣多少钱一件？我想用我和弟弟的全部零用钱帮妹妹买一件泳衣，这样她就可以跟我们一起玩了。"一瞬间，我被哥哥甜到了。虽然我们家经常会发生嫉妒纷争，但是我很欣慰我的6种方法能在他们身上发生奇效。

5.5 成长型思维：从小培养孩子的格局观

心理学家卡罗尔·德韦克在1978年发起了一项研究：她找来一群孩子，把他们分成两组，让他们做一系列难度不断递增的智力拼图。

第一组孩子，在面对越来越难的拼图后，便开始质疑自己——"我越来越迷惑了。""我的记性一直不好。"当拼图的难度不断提高，他们会说："现在一点儿也不好玩了。"最后，这些孩子会忍受不了自己的无能，坚决要放弃，甚至有的会非常生气地把拼图摔到地上，扬长而去。

第二组孩子与第一组完全不同，他们非常喜欢挑战高难度的东西，即使拼图变得越来越难了，他们也不气馁，甚至越来越兴奋。他们会给自己非常积极的心理暗示，并不断鼓励自己——"我一定可以的，只要坚持下去。"在一次次尝试之后，他们突破了自己，终于把拼图拼了出来。

在1978年后的近40年里，卡罗尔·德韦克一直在研究不同思维模式与人最终的成败之间的关系，他发现，思维决定命运。她认为第一组孩子拥有"固定型思维"，第二组孩子拥有"成长型思维"。

具有固定型思维的孩子在遇到难题时会不知所措，认为自己是无能的，不停地怀疑自己的能力，甚至怪罪别人，拒绝接受有挑战性的事情，不肯直面困难，那么这样的人永远不可能成功。

而具有成长型思维的孩子在遇到挑战时，会坚信自己能攻克难关，取得胜利。他们相信"人定胜天"，只要不断努力，就一定能取得成功。而且当他们每次突破舒适区去努力的时候，大脑中的神经元会形成新的、强有力的联结，这样下去，他们会变得越来越聪明。

要想培养孩子的成长型思维，一定要注意几个误区，不能让"假性成长型思维"影响孩子，让孩子变得越来越被动。

两种思维模式对比

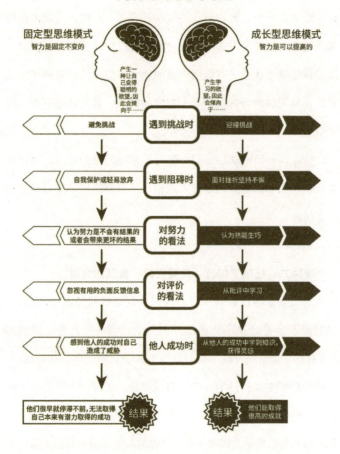

固定型思维模式
智力是固定不变的

成长型思维模式
智力是可以提高的

产生一种让自己变得聪明的欲望，因此会倾向于……

产生学习的欲望，因此会倾向于……

	遇到挑战时	
避免挑战		迎接挑战
自我保护或轻易放弃	遇到阻碍时	面对挫折坚持不懈
认为努力是不会有结果的或者会带来更坏的结果	对努力的看法	认为熟能生巧
忽视有用的负面反馈信息	对评价的看法	从批评中学习
感到他人的成功对自己造成了威胁	他人成功时	从他人的成功中学到知识，获得灵感

结果
他们很早就停滞不前，无法取得自己本来有潜力取得的成功

结果
他们能取得很高的成就

误区一：孩子的失败，应该被表扬

当孩子没有做好一件事的时候，我们为了让孩子不气馁，往往会肯定他，甚至表扬他——"你已经做得很好了""你这

么努力，一定可以做成功的"……这就好像给失败的孩子一颗糖，给他们一个安慰。但这种做法其实是不对的，会使需要提高自己能力的孩子失去提高自己能力的机会，得不到任何提升。我们肯定是想让孩子有继续前进的动力，但更应该对孩子实话实说，要明确地告诉他们身上存在的缺点，从而让他们有一种紧迫感。

然后，我们可以和他们一起寻找解决问题的办法，这样才会让孩子们知道遇到困难并不可怕，只有解决问题才是当前的主要任务。

误区二：让孩子相信"只要我想，我就能做到"

成长型思维让我们知道，我们肯定要有战胜困难的信心，但前提一定是让孩子知道战胜困难的前提——具备相应的知识、技能、策略或资源。我们都想为孩子制定一个很高的目标，并鼓励他们实现自己的目标。但现实是，实现一个目标并不简单，需要我们花费很多时间和精力，并要有具体的步骤和策略。

如果父母总是安慰孩子——"你的英语成绩不好没关系，不是每个人都可以把所有学科学好的。"那么孩子就会变成一个固定型思维的人，他就会找到不努力的理由——"我不可能把所有学科都学好，我只要保持数理化成绩就好了。"但如果父母能引导孩子寻找解决问题的办法，比如可以说："英语成绩不好，这件事情可以反映出你对英语的学习态度。你觉得问题出在了哪个环节呢？需要我的帮助吗？我可以给你点建议，或者我们可以看看一些关于英语学习方法的书。"

误区三：我的思维模式不可改变

当我们给孩子的思维定型的时候，总会认为孩子是固定型思维，所以他们无法突破自己。其实这种现象很正常，因为我们永远不会把孩子的失败归结为自己的教育方法有问题，这会让自己不好受。

但是思维模型只是孩子发展的关键因素，而非全部因素。孩子的思维模式不是一成不变的，家长只有刻意培养孩子的思维模式，他们才能破除"固定思维模式"，在遇到困难时积极乐观，找到克服困难的方法，让自己成为一个强者。

而且我们每个人其实都是混合型人格，并不是单一的人格——有时我们会用成长型思维看问题，有时我们又会故步自封，变成固定型思维人格。我们是哪种人格，取决于我们所面临的挑战，当我们遇到难题时，会使我们怀疑自己的能力，比如我们在工作上没办法取得突破的时候，比如我们没办法让一个情绪崩溃的孩子安静下来的时候。如果我们刻意地对自己进行训练，那么我们的成长型思维就会变得更多一些，最后使成长型思维变成我们的主要思维模式。

要想拥有成长型思维，就要正确认识自己的固定型思维，每当我们觉得自己陷入固定型思维时，就要记录下它产生的原因。然后经过一段时间的观察做出总结，慢慢地让自己尝试关注问题的解决方法，而不是问题本身。

那我们该如何让孩子变成一个具有成长型思维的人呢？

第一，为孩子建立一个"成绩笔记本"。

我们可以让孩子把自己日常觉得有成就的事情记录在笔记本上，当然，这些成就一定要记录得非常细致，比如可以写自己背熟了一首古诗，回答对了一个问题等。鼓励孩子每天都要写，过一段时间后再总结自己取得这些成绩的原因是什么，在接下来的时间里，我们怎么才能做得更好。

第二，让孩子多维度地管理自己的学习进度。

我们可以让孩子把自己要实现的目标和所需要的要素列出来，然后多维度地管理自己的学习进度。这个要素表能让孩子的强项和弱点一目了然，也能让孩子最快知道。

第三，在评价孩子的时候，不要那么绝对。

如果我们总是很绝对地跟孩子说话，会让孩子看不到自己的潜力，他们在潜意识里就会觉得自己一无是处。比如说，有一天，孩子突然跟你说："妈妈，我是不是笨啊，为什么我怎么努力，都没办法考及格？"这时，我们应该告诉他："你只是还没有找到学习英语的方法。"

培养孩子的成长型思维其实并不难，关键在于我们家长怎么去教育、去引导。不要以为固定型思维会一成不变，要相信自己对孩子的引导会改变孩子的一生。

5.6 让孩子有一个有趣的灵魂

我家孩子的爸爸是芬兰人，虽然芬兰人被当作"世界最沉闷的民族"，但其实他们只是"闷骚"，比如我家孩子爸爸就是一个很有幽默感的人。

我曾见过一位芬兰的职业经理人，穿得西装笔挺，一副社会精英的样子，但脚上却穿着一只红袜子，一只黄袜子。有一次，我家孩子爸爸为了发泄我总把妹妹打扮成小公主的怨气，有一次也这样为她穿了两只不同的袜子，惹得我回家哈哈大笑。每次我们觉得生活很无聊的时候，他就会蹦出几句蠢萌的笑话，让我们哭笑不得，无趣也就悄悄地溜走了。

也许是受他的影响，孩子们也觉得把别人逗笑是一件很好玩的事，但他们的天赋确实有差异。哥哥是天生的"理工男"型，做事一板一眼，如果照着他的本性发展，很可能会成为一个无趣的"程序猿"吧。

弟弟天生对人际关系敏感，喜欢逗人笑，喜欢搞怪，有任何网络流行语，他一定第一个说得没完没了，但可惜他幽默的点似乎总不在道儿上，有用力过猛之嫌。

而妹妹平时不显山不露水，却时常在某个关键时刻说出一句让人捧腹的话，不过她自己常常并不知道是怎么回事。

所以，尽管我家这"三小只"天赋不高，却真的通过一些看似无意识的训练，变得越来越有幽默感了。

首先，爸爸常常会跟孩子们"瞎闹"。挠痒痒，每次吃完饭后拿牙签"扎针"，把他们举过头顶再"摔"下来（他是运动专家，这个动作请不要轻易模仿，不过孩子们越来越大，现在已经不怎么玩这个游戏了）……在这种轻松愉快的氛围中，他们不仅建立了被爱的安全感，也学习到困难是可以通过笑声赶走的。

其次，扩展想象力。妹妹2岁时，有一次不小心把娃娃掉在了地上，爸爸把娃娃抱在怀里，教妹妹照顾宝宝说："哦，宝宝你摔疼了吗？你有没有流血？我来抱抱你……"于是妹妹故意让娃娃"磕"了，又抱起来心疼地"呵护"它，一边安慰一边开心地哈哈大笑，玩了好久。

此外，他还会"傻兮兮"地把袜子套在手上，把妹妹的裤子套在头上，明明大家都已经穿上鞋子站在门口等着出发了，爸爸故意很严肃地让大家去穿上鞋和衣服……每次他的搞怪都能让孩子们哈哈大笑，让孩子们从不同的角度看那些习以为常的小事。

弟弟和妹妹每次受了伤，哪怕是碰了一下，也会跑到我这里让我"吹吹"。于是，我开始用特别夸张的方式说："哦，好可怜的宝宝啊！真是太疼了，快让妈妈抱一抱。"三个人笑得前仰后合，更神奇的是，从那以后，弟弟不再来找我展示"伤口"了，他学习着自己全权处理。

我们会常常放一些幽默的动画片和好玩的视频。哥哥或者弟弟看到了有趣、幽默的图书也会跟我们一起分享。哥哥会将那些好笑的句子用在自己的作文中，有一次他很自豪地跟我说："妈妈，我中午写了两篇作文，把全班同学都逗得哈哈大笑。"我很好奇，曾经写100字作文像要了命似的他，竟然愿意用午休时间给同学们写段子？！

孩子们逐渐长大，对幽默的理解力也越来越高。这时候的他们，很容易把握不好度，常常说着说着就从笑成一片到"打"成一片。这时，我意识到要让他们学会掌握度，幽默可以"自黑"，但尽量不要"黑"别人。

比如哥哥和弟弟会一起讲文字笑话，喊妹妹"笨蛋"，他俩哈哈大笑，妹妹被气得哇哇大哭。从本质来说，这种做法已经失去了幽默的本意。

于是有一次，弟弟又给哥哥"挖坑"，说："哥哥，哥哥，你看这狗头像谁？"

我突然横插进去，说："你！"哥哥和妹妹被我的突然插入逗得哈哈大笑。本来想"害人"的弟弟在大家的哄笑声中也笑起来，又继续说："哥哥，这狗头像谁？"

我又说："你！"大家又哈哈大笑，还争相模仿。如此循环几次后，我问他们："别人说你像狗头的时候，你们开心吗？所以，不能轻易说别人像狗头哦，就是开玩笑也不能这样说，玩笑也要有界限。"

"好看的皮囊千篇一律，有趣的灵魂万里挑一"。也许每个人都知道有趣、幽默多么重要，却不知道该从何改变。在我还没成立家庭的时候，家里没有这种幽默的氛围，几乎从没有人这么跟我玩儿，家里静悄悄的时候，才是我最有安全感的时候。

成家后，尽管我有了三个宝贝，也很少跟孩子们玩闹，很少跟先生交流我内心深处的情感。所以，如果我家没有爸爸幽默的引导，很难想象孩子们的成长过程会是多么无趣。

曾经像我一样长大的爸爸、妈妈们，陪着孩子一起再长大一次吧，我们不仅仅是在培养孩子们的幽默感，也是在治愈我们童年中那份缺失的快乐。

第六章

如他所愿:
培养孩子的领导力

6.1 适度放手，雏鹰才能学会展翅高飞

我国著名的教育家陈鹤琴说过："凡是儿童能够自己做的，应该让他自己做。"但很多家庭却做不到。看到孩子那么笨拙地做一些事情，父母，尤其是祖父母会忍不住将孩子推开，帮他们完成，以至于孩子没有独立的能力。

父母帮孩子做事的原因，通常有以下几种：

1.没有耐心，觉得孩子做得太慢，所以老想上手替他做。

我家老大4岁多的时候，突然对打扫卫生兴趣大发，每次一看我干活，他就来劲了。那时，他连扫帚都拿不稳，但偏偏什么都要抢着干。我扫地的时候，他抢扫帚；我拖地的时候，他抢墩布，我被他折腾到什么也做不了。让他干吧，他会把我刚扫好堆到一起的灰尘，又扬得满地都是；不让他干吧，他就不开心，开始哭……他简直就是生出来专门给我捣乱的。那时候老二很小，我又刚怀了老三，不仅要工作，还要照顾家庭，

自然对老大没多少耐心。于是，我常常无视他的要求，自己快速干完家务，以免他给我捣乱。

他学美术的时候，我怕他弄得到处都是水彩，所以事事亲力亲为，帮他铺上报纸，帮他倒好水，帮他挤好颜料，甚至颜料用多少、放多少水，我都恨不得亲自拿笔调好……

后来我跟老大调整关系的时候，真的用了很长一段时间来弥补之前的不良后果。但是直到现在，我家老大还是不会主动打扫卫生，除非爸爸妈妈要求，否则他能不做就不做。

有了老二和老三以后，我开始努力改变自己，我会积极地鼓励他们独立做事。他们不会做的时候，我会给他们做示范，等他们做完后，我还会夸他们很努力；我会告诉他们哪些方面还有再改进的余地，下次一定会比这次做得更好。虽然我们真的需要花更多耐心和精力去为孩子收拾烂摊子，但是我们收获的却是孩子的成长和孩子能力的提升。

在孩子对某些事情特别感兴趣的关键期，我们更需要带着他慢慢去感受、去认知。我家妹妹一岁半的时候我们要搬家，我把收拾出来的东西都归拢了起来，至于一些不要的物品——尤其是厨房的瓶瓶罐罐，我都放到了垃圾袋里。这时，我家妹妹非常有耐心地坐在我脚边，把我放进袋子的东西一一拿了出来，不需要的锅铲，她拿出来左看右看，然后挥舞起来，好像大厨一样。

等我回头去看的时候，已经满地都是东西了，但是她好像发现了新大陆一样，眼睛放光，玩得不亦乐乎，一整天都没要我抱。所以，这样反过来想想，虽然我需要再花时间去把那些东西放到袋子里，但好处是她自己在玩的时候，让我有了更多时间去做整理归纳的工作。而且，在这个过程中，她认识了很多之前没接触过的东西，也算是开阔了眼界。

当我们用不一样的眼光去看待孩子的好奇心时，我们与孩子的相处模式就会突然变得不一样了。

2. 父母帮孩子做而不自知。

孩子画画的时候把颜料弄到了地上或者桌子上，家长通常都会急于指责他们，一边说一边帮他们清理现场，而不是让孩子自己打扫现场。这样的结果就是，他们自己不知道该如何收拾自己的烂摊子，一旦弄坏了、弄乱了什么东西，只要挨妈妈几声骂就过去了，他们不需要承担什么责任。所以，我们在无意中抢走了孩子自己该负的责任。

我家妹妹之前喜欢在墙上画画，因为我们是租的房子，所以不方便让她随便画。我们说了几次，她都不肯听，还会偷偷在墙上画。后来，我找了一个周六的下午，让她跟我一起把墙壁和桌面上的油彩擦干净。我们做了很久，但有些地方还没擦干净。所以从那以后，妹妹就乖乖在纸上画了。

我之所以带着孩子这么做，是因为我想让孩子意识到，自己做的事要学会自己负责，不能完全依赖妈妈。妈妈不会骂她几句，或者替她清理了，就没有她的事了。

3.我们老觉得孩子做得不好，想帮助他们而不愿意放手。

当我们看到孩子哪里做得不好、不对的时候，总想给他们一个模板，让孩子们照我们说的去做。可这样的方式，真的特别容易抹杀孩子的创造力。

月亮是圆的，可它也可能是方的——当我们在水盆里放上一个框框，月亮照进水盆里就变成方的了。所以，万事万物在孩子的眼中，有各种各样的形态。我用了很多年才想明白，孩子五彩缤纷的世界也许只有那么几年，真的不需要我们逼他们长大。那些五彩缤纷的想象力保存得越长久，他们将来才会越有突破和创新的能力。所以，我们不要让孩子完全依照我们给他的成长路线图成长，而是要学会放手，让孩子在跌跌撞撞间保持自己的想象力与创造力。

4.老担心孩子身体弱，对孩子过分关心。

在生活中，我们总是把孩子的身体健康放在第一位，时刻关注着他们的衣食住行。比如不能喝凉水，这样会拉肚子；不能吃冰的东西，一定要喝热牛奶；不能吃冷饭，不然消化不好……但是人体的免疫力很奇妙，它恰恰是通过生病的时候与病毒和细菌的战斗而愈变愈强的。孩子生活在什么环境中，他的身体承受力就会努力去适应。

我看到那些爱生病的孩子，恰恰是妈妈照顾得最细心的孩子。有一段时间，我家的老人总爱让孩子穿得厚厚的，总说孩子要比大人多穿一件衣服。其实这恰恰是误区，孩子喜欢跑、跳，活动量绝对比成人大很多，很容易出汗，要是被捂着，反而容易着凉生病。所以，我家的孩子从来都是比大人少穿一件衣服。如果他们觉得冷，就去跑一跑、跳一跳。虽然我们常常被老人吐槽照顾孩子不精细，但我家的孩子们确实都很少生病，几年来，他们在学校几乎都是全勤。

有一次我和先生去旅行，把孩子交托给孩子的姥爷和阿姨照顾3天。早晨姥爷送他们上学，下午阿姨接他们放学，给他们做晚饭。阿姨7点走后，孩子们自己写作业，自己安排读书、睡觉的时间。对很多家庭来说，这简直是不可能发生的事情，但是我在跟孩子们商量后，我相信他们一定可以做到。而这次特殊的经历，也的确让孩子们变得更有自信了。哥哥会骄傲地对我说："现在让我自己独自生活，应该也没什么问题。"

相信孩子自我管理和自我管束的能力吧！当我们向后撤一步，给孩子留下足够的空间，孩子才可以自由地施展和发挥自己的能力。他们的责任感也会建立起来，不仅仅是做好自己该做的事情，他们也会努力地帮助爸爸妈妈承担一些事情。

　　家，是每一个人都要付出的地方，如果孩子只是一味地索取，那么未来他自己成家的时候，就要面对如何付出的改变，这将很困难，甚至会影响亲密关系。花一些时间去训练孩子独立做事的能力和照顾自己和别人的能力吧。激发起他们的参与感与承担起责任时的满足感，让他们也能拥有照顾别人时的幸福感，才能更好地培养起他们对自己、对未来的责任感。

6.2 不做孩子们的大法官，让他们学会自己解决矛盾

在多孩的家庭里，孩子们之间总免不了发生争端和冲突，他们总会特别委屈地找你来告状，让你当"法官"替他们主持公道。这时，很多父母会非常认真地为孩子们分析谁对谁错。可是，这样问题就解决了吗？其实并没有，在这场争端里，获得"胜利"的孩子会非常得意，而"失败"了的孩子的内心则会充满怨恨，两人之间的矛盾并没有得到解决。

孩子其实是有自己解决问题的能力的，关键要看父母怎么引导——我们要给他们适当的提示，让他们自己讨论，商量出一个大家都认同的方案。只有这样，孩子们之间的矛盾才能真正解决，并且不会反复。

第一，开家庭会议，让他们自己讨论出解决问题的办法。

随着我家孩子年龄的增大，他们出行吵架的次数也直线上升。每次开车带着他们出门，都会听到他们在车里叽叽喳喳地

争吵，天窗都要被他们轰下来，我实在有一种弃车而逃的冲动。有一次我实在忍不住了，就对他们大声嚷嚷了几句，他们立刻安静了下来。但那时的我心里对孩子们充满了愧疚，觉得这不是解决问题的好办法，于是我们召开了家庭会议，在会议中讨论这个问题——怎么样才可以在车里不打架？

大宝建议说："可以在车里写上纸条：不许打架！"

妹妹说："给车里画上线，谁也不许过线。"我心里直犯嘀咕：这都什么年代了，居然还有"三八线"这个梗。而且她一个芬兰小孩，才上了不到一年小学，这都是跟谁学的？

我家二宝立刻说："我们可以谁都不理谁。"很显然，他们是办不到的。

大家又开始讨论他们究竟为什么会打架，主要挑事者弟弟说："因为很无聊。"

那我提议大家可以找出一件大家都不感到无聊的事情来做。

这一次，大宝说："可以让每个人都拿一本书在车上阅读。"但弟弟却说他晕车，不能阅读。

妹妹说："我可以带着画笔画画。"

听了这个提议后，二宝灵光一现，说："如果这样，我也可以画画，还可以一起做成语接龙的游戏。"

……

这一轮的讨论效果不错，大家的意见都达成了一致，后来我们执行的效果也不错。现在孩子们出行的时候，在车里都会有礼貌地聊天，无聊了他们会一起做游戏。在长途旅行时，他们会带足图书和画笔，大宝会给弟弟妹妹讲他从科普书上看来的各种稀奇古怪的故事，他们也会一起开心地画画。

通过开家庭会议，孩子们不仅自己解决了矛盾，还能锻炼自己解决问题的能力和方法，这不比由父母做"法官"替他们解决纷争强得多吗？

第二，引导孩子自由地表达自己的情绪，并学会用沟通的方式解决问题。

年纪小的孩子有时候需要父母帮着他分析状况，但尽量让他自己得出结论，而不是父母告诉他结论。

有一天早上，闹钟响了好久妹妹还没起床，我做好早餐后去喊她，发现她正坐在床上哭。我问她怎么了？她说哥哥老拿臭脚踢她的脸。

这时，我先跟她共情："真的吗？那真是很不舒服、很难受的事情呢！要是有人拿臭脚踢到我的脸，我也会不高兴的。"

"嗯。"妹妹点点头。

我抱着她安静了一会儿，等她的情绪平复下来后，我问她："你可以原谅哥哥了吗？"

她想了想，摇了摇头。

"嗯。"我点点头，"哥哥是怎么踢到你的呀？"我问。

"就是他（从上铺）下来的时候，踢到我了，好几次了。"妹妹有些着急地说。

"嗯嗯，这样呀，是他坐在床上把腿伸下来的时候踢到了你呀？"我做恍然大悟状，然后继续问她："他是不是看到你的脸，就故意踢上去的啊？"

妹妹看着我，摇了摇头。

"所以呢？大哥哥踢到你以后，你跟他说了你很难受了吗？"

妹妹又皱起眉头，说："他没理我就出去了。"

"他是看了你一眼，故意不道歉就出去的，还是他没听到，就自己跑出去的？"我问。

妹妹想了想，说："可能没听见吧。"

"嗯，所以你自己在房间里哭是为什么呢？"我问她。

妹妹想了想，站起来走到客厅跟哥哥说："大哥哥，你刚才下床又踢到我的脸了，让我很不舒服。"

哥哥看了看她："踢到你了吗？"

"是的。"妹妹点点头，"你喜欢别人的臭脚踢你的脸吗？"

"哦，对不起妹妹，我不是故意的。"大宝看了她一眼，一脸无辜状，似乎不相信自己踢了人。

"嗯，我原谅你了。"妹妹说完就回屋换衣服去了。

这一套流程下来，颇出乎我的意料，想不到他们这么快就可以应用我曾经教过他们的小方法了。

不过我还是跟哥哥说："如果再有投诉，我想你可以试试去一层睡。"这样，他就可以站在妹妹的角度思考问题——如果有人也踢到了他，他会不会高兴呢？

同时，我们要多让孩子说自己的感受，少指责，少说谁的错误。比如我们可以列一个感受词汇表：

开心、难过、害怕、饿了、困了、生气……让孩子们交流的时候，不要一上来就说谁的错，而是说出发生的事件，以及说出自己对此的感受。

以上，是孩子们自己解决问题的方法。我们在教孩子使用的时候，会在无形中提高孩子的共情能力和人际交往能力。作为父母，我们的一部分职责是给孩子正确的引导，另一部分职责是帮助孩子学会独立思考的能力。只有做到这两点，孩子才会拥有独立的能力，而不用父母跟在后面为他们解决争端和问题。

6.3 问题思维：用提问的方式提高孩子的思辨能力

问题是思维的起点，是思维的动力。在这个信息过剩的时代，信息可以在任何搜索引擎上获取，但提问的能力却是一个人思维能力的体现。学会提问，我们才能快速地解决问题，才能更好地在社会上生存。孩子从小会提问，会让他受益终身，我们要有意识地培养他的问题思维，在孩子问个不停的时候，千万不能粗暴地拒绝孩子，或者随随便便地糊弄过去。

那么，我们该如何培养孩子的问题思维呢？

1.让孩子保持对新鲜事物的好奇心，不扼杀孩子的兴趣。

比如当我们手上忙着家务，孩子过来问问题的时候，我们可以暂时放下手中的事情，跟孩子说："来，我们一起看看。"但孩子们有时候一兴奋起来就不管时间、地点，张口就问，搞得家长不知所措。如果我们实在腾不出手来，可以温和地告诉他你现在很忙，请他5分钟或30分钟以后再来找你。

2.尽量和孩子一起寻找答案。

碰到我们不会的问题，可以和孩子一起查字典、查百科全书、上网搜索，或者将哪个领域的朋友介绍给孩子，让他自己去请教。我们还可以教他将答案汇总在一起，做自己的"十万个为什么"，不时拿出来一起翻看一下——这也是非常有趣的亲子时光。

让孩子自己动手解决问题，慢慢接近答案的过程，会帮助孩子不断扩大兴趣范围，而且会培养他们的成就感，和碰到问题不妥协、不气馁的坚韧性。

3.让孩子在做任何事的时候，都要多问一句"为什么"。

不管做什么事，多问一些问题，也许就能让我们的工作更顺利。我在芬兰工作的时候，因为在语言上有些不通，所以老板布置的任务大家都不是很清楚，我们几个中国同事喜欢扎堆讨论，而不是直接去问老板，结果我们做出来的工作让老板很不满意。但芬兰的几个实习生却特别喜欢问问题，而且还深入各种细节，这让我感到很崩溃。但是很快我就发现，他们在知道了自己的工作范围后，会按照规则非常有条理地安排工作，最后的工作结果让我也很满意。

所以我现在也常常跟孩子们说，如果不懂，就去问，不要自己猜。我们日常的生活不是闭卷考试，不管是老师还是父母，都愿意把我们知道的告诉孩子，所以我鼓励孩子们要勇敢地将问题提出来。如果我们去猜测，猜的结果很容易错，而问可以让我们直接得到答案。

4.教孩子建立批判性思维。

之前有人送给我家大宝一本儿童书，里面有张骞出使西域的故事。他看完以后讲给我听，大意为：汉武帝派张骞去西域寻找大月氏结盟，一起对抗匈奴。但经过匈奴地界时，张骞被匈奴兵发现了，做了俘虏。被困十几年后，他终于寻得机会逃回汉朝。百姓们听说后，都跑到城门流着泪来欢迎他……

"嗯，听起来真的很感人啊。"我点点头，问他，"可是张骞都走了十几年了，老百姓是怎么认出他，还流着泪来欢迎他的呢？我还有一个疑问，我听说张骞在匈奴是有妻子和孩子的。所以他回来以后，他的妻子和孩子也跟着一起回来了吗？"

大宝的脸上闪过疑惑、震惊等各种神态，最后换上了兴奋之色，跟我说："妈妈，我们一起来找答案吧。"

于是，我们从网上查到了一些资料，看到张骞时任皇宫中的郎官，汉武帝招募使者出使大月氏，他第一个报名参加。被困十年后西迁，经过大宛、康居，才找到大月氏。但并没有达成与他们结盟的本意，在归途中，他又被匈奴俘获，被囚禁了一年多。张骞出使时带着100多人，历经13年后，只剩下他和副使，还有他的匈奴妻子三个人回来。回来以后，他还第二次出使了西域。

还有资料说张骞当时与匈奴上层周旋，使得匈奴人放松了对他的监视，允许他举家西迁，他带着妻子、儿女，以及他的副使堂邑父和其他老部属，继续西向大宛、康居、月氏之行。从这个峰回路转的过程中，我们能看到张骞的匈奴妻子必定参与了这一过程，她不会是一般的平民出身，很可能是当时的贵族。

所以张骞并不是我们想象中的抛家弃子的人，他带着妻儿逃回了汉朝。至于百姓流泪欢迎，可能有两种状况：一是写作者的夸张，为了让我们知道张骞是多么不容易才逃回家；二是当时的汉武帝可能派遣了官员去城门迎接他，百姓听说了他的故事，深受感动……

其间，大宝看到张骞的职务是郎官，还特别去查了一下汉朝的官吏制度，虽然有点复杂，但最后我们了解到了秦汉时期郎官的情况——郎官属于郎中令，汉武帝把它改为光禄勋，最多时有5000人之多。职责以守卫门户、出充车骑为主，随时备帝王顾问差遣。也就是说，张骞当时是汉武帝身边的护卫，是保卫皇帝安全的人。

从我对孩子的一个简单提问中，教会了孩子要有批判性思维，遇到不懂的知识一定不要放过，不仅要质疑，还要带着问题查找答案，才会让他终生受益。

　　提问，是一个学习、思考和不断沉淀的过程，能在知识中发现问题的孩子，一定是经过思考的，这也是一个创新的过程。敢于提问的孩子，不会畏惧他人的眼光，有自己独特的思考和明确的目标，这样的孩子能精准地发现问题和解决问题。

　　所以，我们家长一定要重视建立孩子的问题思维，让孩子在提问中认识自己，提高自己的思辨能力，培养解决问题的能力。

6.4　零花钱里藏着孩子的财务思维

给孩子零花钱，其实对父母来说是一个非常重要的问题。为什么给，给多少，以什么频率给，如何检查孩子对零花钱的使用情况……对父母来说都很重要，零花钱是培养孩子财务意识的开始，而对于孩子来说，能否获得零花钱取决于父母。

父母对孩子零花钱的控制通常有两种方式：一是定期给孩子一定数量的零花钱，让孩子自己安排开销；二是根据孩子的要求或愿望给孩子零花钱，每一次都与孩子协调零花钱的多少和怎么花。后一种方式对孩子的控制明显比第一种要强，它不容易建立孩子的独立性。

那么，父母该如何通过给孩子零花钱来培养孩子的财务意识呢？

1.教孩子学会使用零花钱，记账是一个好选择。

零花钱是让孩子学会如何制定预算、节约开销和自己做出消费决定的重要教育手段。父母可以根据自己家的财务状况，为孩子制定零花钱的标准，比如我就会根据孩子们的年龄，每周发放给他们同等金额的人民币——大宝11元、二宝9元、妹妹7元。

至于这些零花钱怎么使用，他们自己全权负责，就算他们提前把钱花完了，我们也不会帮他们。因为只有这样，他们才能懂得克制欲望，以及承担过度消费带来的后果，从而学会对自己的消费行为负责。

2.孩子的每笔消费都要让他们记账，无论金额多少。

让孩子记账，可以为他们制作一个表格。8岁以下的孩子，只要简单地列下日期、收入、支出、项目、结余即可；8岁以上的孩子，他们已经认字了，这时候他们的花销就会增大，可以让他们将项目细分为食物、交通、兴趣等，还可以加上"想要的或者必需的"选项，让他们学会做预算，设立消费目标，才有助于时时复盘。

3.要时刻督促他们记账。

很多小孩子都会想不起来要及时记账，所以父母就要陪伴他们，引导他们记录今天的花费。如果孩子记账困难，可以让他们至少一周记2～3次。

4.定期检讨账本。

让孩子记账的目的，是为了让他们复盘自己对钱的分配。所以我们在刚开始培养孩子的记账习惯时，千万不可省略一项功课——在发下一笔零用钱之前，可以和孩子一起讨论他们的计划。可能刚开始时他们很难做好，但我们不要过度责备他们，因为他们正在学习过程中，没有谁一上来就能做得很好。

碰到节日，我们可以引导孩子有仪式感地为父母、弟兄姐妹或好朋友准备小礼物。如果花费较高，我们可以带着孩子提前规划，以免透支。也可善用孩子的梦想，帮助他用计划满足梦想。比如我家两位哥哥想买"小爱同学"听歌，攒了大半年的钱，加上我们赞助的20元，终于梦想成真，极有满足感。

我曾经给孩子们讲过这样一个故事：

一位富豪在华尔街银行借了5000美元，借期为两周，银行贷款必须有抵押，富豪把停在银行门口的劳斯莱斯作为了抵押。于是，银行职员将劳斯莱斯开进了地下车库，然后借给富豪5000美元。两周以后，富豪来还钱，利息仅为15美元。

这时候，银行职员发现富豪账上有几千万，便问他这么有钱为什么还要借钱。富豪说两周15美元的停车费，永远无法在华尔街找到。

在这个故事中，我们能看得到富豪的聪明之处：他用自己的资产作为抵押只需付15美元，而华尔街的停车费却远远高于这个价格，他省掉的停车费，就是赚到的钱。

这个故事为我们揭示了一个道理：你的手里无论有多少钱，其实都是死的，它没有为你创造任何价值，只有那些能产生额外价值的，才是真正的财富，才能创造最大的价值。这其实就是财务思维。

后来，我家弟弟对此应用颇为熟练，他常常将自己的零钱借给哥哥和妹妹，收取一部分利息。不过，他们商量的"利息"常常太高了，收不回来，弟弟就会很豪气地跟哥哥说："今天这个可乐你请客，从利息里扣……"

所以，我们不仅要从小加强孩子对金钱的认识，还要逐步培养孩子的财务思维。因为我们发现，没有财务意识的人，更容易为钱打工，而不是让钱为其工作。没有财务思维的孩子，在长大后格局就会非常低，他们会拿命去换钱，而不是利用钱为自己创造最大的价值。

6.5 "西苏"精神，激活孩子的自信与勇气

1

芬兰人有一种令他们非常自豪的民族特性——"西苏"（sisu）精神。我在刚去芬兰的时候，由于语言不通，认为他们所说的西苏精神，就是中国人所说的"狼性"。不过叫习惯了，我也不愿意改，因为我觉得西苏精神的内核还真是挺符合狼性的。

在芬兰语中，"西苏"意味着力量，意味着能坚持不懈地完成一项不可能完成的任务。西苏精神最显著的体现，就是芬兰著名的冬季战争（1939—1940）——当时芬兰遭到了占压倒性优势的苏联军队的进攻，却成功地抵抗住了苏联，维护了芬兰的独立。《纽约时报》于1940年刊登了一篇文章，标题是《西苏：一个能解释芬兰何以为芬兰的单词》。

我的芬兰先生很自豪地说："西苏精神甚至会带你穿透花岗岩。"花岗岩，在冰河时代起就遍布芬兰的乡村和森林。如

果你看看这些巨大的露出地面的灰色花岗岩层，你就会明白，穿透花岗岩不仅困难，而且是不可能的。

芬兰阿尔托大学（Aalto University）的西苏研究者拉赫蒂认为："我们都会有这样的时刻，需要超越自身能力，做力所不能及的事情。在达到肉体、情感和心理上的极限时，然后我们又有了某种力量让我们能够继续前进，即使我们以为我们做不到。"对芬兰人来说，催生"第二次呼吸"的内在力量就是西苏。（注：第二次呼吸是长跑或马拉松运动中的一个术语，指长跑时突然感到呼吸困难，全身乏力，但只要坚持一段时间，这些症状就会消失。）

从其他角度来讲，"西苏"就是一种勇气——在面对困难时，勇敢地去解决问题，而不是逃避。我们只有从小培养孩子的勇气，他们长大后才能够勇敢地提出问题，并勇敢地实践。

2

每个孩子都是父母的掌上明珠，真的是"捧在手里怕摔了，含在嘴里怕化了"，所以他们把孩子放在温室当中，避免被外面的风风雨雨伤害了。在学校，为了防止孩子在课间受到伤害，下课的时候老师也会让他们待在教室里，不让他们出去活动；在家中，孩子摔倒了，父母会立刻抱起他，用手拍打地面，怪地面把孩子摔倒了……

这种做法，虽然保护了孩子，但忽略了对他们勇气的培养。或许他们在身体上不会受到伤害，但他们会变得胆小懦弱、缩头缩脑，从而被同龄人嘲笑，融不进小伙伴的世界。长大后，他们也会没毅力和勇气面对人生的挑战，更别提成就一番事业了。

有一次，我的一位朋友不小心把自己1岁多的宝宝摔了一下，她还没来得及检查孩子是否受伤，自己就哇哇大哭起来。她怀里的孩子抬起头疑惑地看着妈妈大哭，于是自己也放声哭泣起来。

这个真实的经历让我意识到：孩子的勇气不是天生的，是后天培养出来的。所以从那之后，每当我家三个孩子摔跤后，我都会微笑着对他们说："哦，很痛吧。不过你很勇敢，我看到了，你真的很棒。"听了我的话后，他们勉强笑一笑，不痛了就转头继续去玩耍了。就算是妹妹，也只是跑过来给我看看她的伤口，我假装给她吹口"仙气儿"，她就痊愈了。

孩子膝盖上的伤疤是能很轻易就治愈的，但他们要是缺乏自信心和勇气，就没办法弥补了。很多实例证明，那些受到过度保护的孩子，往往缺乏勇敢精神，会认为自己无能，依赖心理也很强。

3

芬兰人把培养孩子的勇敢精神放在首位，他们小学有童子军，会经常召集孩子们举办探险活动，目的就是磨炼他们的意志，和培养他们探索新事物的热情。小时候，我家孩子的爸爸就专门训练过他们爬树。在很多人眼里，爬树可能一点儿也不雅观，但我觉得培养孩子的勇敢精神要比所谓的仪态重要得多。

说到勇敢，我还想再讲讲英雄主义。欧美电影特别喜欢表现个人英雄主义，"英雄"这个词语在《新华字典》中的定义是：本领高强、勇武过人的人；或者是不怕困难，不顾自己，为人民利益而英勇斗争的令人钦佩的人。在欧美电影中，有很多片段会表现爸爸或妈妈为了家人，深入龙潭虎穴奋不顾身去救自己的家人，在看到这些画面的时候，我很感动，觉得他们就是孩子的英雄。

但在现实生活中，越来越多的父母已经不想成为孩子心目中的英雄了，他们更愿意做孩子的朋友，把自己做不到的事情，向孩子坦白。但我认为，成为孩子的朋友，与成为他们心目中的英雄并不矛盾。因为在我看来，那些平凡的父母不管遇到多少风风雨雨，都有勇气承担起自己的责任，这就是最伟大的英雄。

勇气，是一个人不断向前的动力，所以我们从小就要注重对孩子勇气的培养，只有这样，他们长大后才能一个人面对生活、工作中的困难，成为他们孩子眼里的"英雄"。

6.6　培养孩子强大的气场

　　有一天，我朋友的儿子晓宇放学回家后，哭着扑向妈妈的怀抱，哽咽着说："妈妈，我们班的王旭今天欺负我了，我的脸好疼，呜呜呜……"看到孩子脸上的伤，朋友心里别提多心疼了，她愤怒地对孩子说："傻儿子，你怎么不打回去呢？就这样任由他欺负你！妈妈跟你说过多少遍，别人欺负你的时候一定要强硬起来，把他们打伤了，爸爸妈妈负责赔偿，但你不能受委屈，知道了吗？……"

　　如果打架能解决问题，那这个世界就不需要规则了。而且，在这种教育观念下长大的孩子会变得非常敏感，他们在遭到侵犯的时候会非常气愤，不经思考就会直接反击别人，以至于没人愿意和他们做朋友。别人向他们提出意见或建议的时候，他们也会对对方充满敌意，觉得没有人理解他、喜欢他，这种情况在心理学上称为"敌意归因偏差"。**孩子一旦有了"敌意归因偏差"，就会产生严重的人际交往障碍，变得孤僻、胆小，不能融入同龄人中。**

在孩子受到欺负的时候，还有一类家长会采取得过且过的态度，直接让孩子逃离，避免与欺负他们的人接触，家长觉得这种息事宁人的态度，会消除那些欺负他的孩子的敌意。但是事实并不像我们想象中那样，你越躲避，那些孩子就会越欺负你。

在社交中，如果孩子长期被其他孩子排挤、欺负，其长大后就会变得低自尊、没自信、胆小怕事、没有主见。他们会对周围环境非常没有安全感，对自我的评价也会非常低。而且反过来，越是这种性格的孩子，就越容易受到"欺负"，也会变得越来越软弱。

其实，无论孩子采取哪种方式对待那些欺负他们的人，都应该由孩子自己决定，我们不能让孩子"打回去"，也不能让孩子息事宁人，因为这些都不能完全解决问题。很多孩子之所以被欺负，一般是因为他们性格孤僻、身体弱小，或者在生理上有缺陷。我们应该多注意培养他们的勇气和力量，让他们变得内心强大，才能从根本上解决问题。

那我们具体应该从哪些方面培养他们不被欺负的强大气场呢？

第一，我们要多注意孩子的饮食营养，提高孩子的身体素质。

如果孩子瘦小羸弱，就会被一些比他强壮、高大的孩子轻视，这些孩子会不自觉地欺负他。所以，我们应该从小注意孩子的营养状况，别让他们的身体发育得太缓慢。另外，我们还应该让孩子养成锻炼身体的好习惯，这会促进他的身体发育，使他充满力量感，不畏惧他人的挑衅。

第二，我们要注意培养孩子的自信心。

孩子被欺负，有时候是因为他们自卑，缺乏自信心。我们家长要善于发现孩子身上的优点，并且要经常夸赞他们的优点，而且越具体越好。比如孩子坚持在20分钟之内一直做作业，没有走神，我们就要夸孩子专心、有耐心；孩子自己整理了自己的书包，我们就要夸孩子独立，等等。只有在一个个小细节中夸奖孩子，才会让他们建立自信心，他们在学校里才会拥有强大的气场，别人才不敢轻易欺负他们。

第三，我们要给孩子坚实的爱和力量。

孩子一直被欺负，甚至变得越来越软弱，有时候是因为父母对这种事的不重视。这样就会让孩子觉得父母是不爱他们的，他们也就从来不跟父母说自己遇到了什么事。对于这样的孩子，我们要时常给他们拥抱，让他们在拥抱中感受到父母的爱和鼓励，这样他们才会有面对一切的勇气和力量。

第四，教会孩子和同龄人沟通的技巧。

无论是教孩子"打回去"还是息事宁人，都不是正确的应对办法，我们应该教给孩子的是解决冲突的办法和沟通的技巧。孩子平时怎么说话，其实都是父母"教"的，比如父母喜欢用颐指气使的口气说话，孩子就会有样学样，变得越来越没有礼貌。所以，我们要注意在孩子面前的说话方式，教他们如何与同龄人沟通。

如果孩子受欺负了，家长肯定会特别心疼。我们每个人都希望给孩子营造一个健康、美好的成长环境，但实际上孩子总会遇到各种问题。所以，我们从小就要使他们有一个健康的体魄和强大的内心，这样他们才会学会如何保护自己，如何与人交往。

第七章

正向引导：
唤醒孩子的高效学习力

7.1　学习陷阱：孩子不爱学习怎么办

北京大学副教授、精神科主治医师徐凯文曾经做过一个统计：北京大学的新生，包括本科生和研究生，其中有30.4%的学生厌恶学习，或者认为学习没有意义，还有40.4%的学生认为活着没有意义，他们只是按照别人的意愿活着而已，其中最极端的就是打算放弃自己。

但是这些学生刚从近千万的考生中突围，考上了北大，可谓是天之骄子，他们怎么也会有这种想法呢？这就引发了我们的思考：我们要教育出怎样的孩子？我们该怎么看待他们的学习成绩？

说到学习，每个孩子都有自己的特点。我们家的大哥哥对学习之道明显要更精通一些，换句大家都明白的说法，就是聪明、学习成绩好，而且他有坚持不懈的精神。但是我家弟弟和妹妹显然并不擅长此道，或者说还未被开发出来。

我家弟弟更愿意走捷径、耍小聪明，他们三个一起出门，大家第一眼一定会先看到"洋娃娃"妹妹，但是让大家印象最深刻的一定是弟弟，因为他太擅长跟人打交道了。而我家妹妹，是最喜欢带着小宝宝一起玩，极有耐心。

每个孩子都有自己的个性，都会找到适合自己的道路，我们要遵循孩子的天赋，全然接纳他们，这是我通过很多年学会的一条原则。当然在学习上，我们也要按照孩子的天赋去为他找到适合自己的学习方法。

第一，了解孩子的天资，开发他们的潜能。

在孩子还小时，他们需要父母更多的引导，所以我们要去了解他们的天资，开发他们的潜能，并帮助他们不断强化，将其变为他们的优势，让他们在擅长的领域坚持下去。

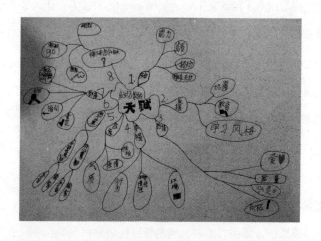

为孩子找一项爱好，让他们有终身热爱的东西，他们就会对生命抱有热忱。这个热爱的东西，也是孩子在情绪低落时，可以坚持下去的理由。比如我家大宝，小时候特别喜欢钢琴，他一个人能在钢琴前练习3个小时。我家弟弟一直不知道自己喜欢什么，也不知道自己擅长什么，他学过小提琴、唱歌、美术，但明显都不喜欢，直到他接触了街舞，才找到了自己最爱的东西，所以他常常主动练习，哪怕头顶在地板上很痛也坚持不懈。

只要孩子找到了自己喜欢的东西，就不需要我们过多地介入，他自己就会主动地练习，我们也不用费劲地催促他们。

第二，要让孩子找到自己的学习风格。

美国卡内基梅隆大学工程学院教授、杜克大学工程学院研究主任维韦克·瓦德瓦（Vivek Wadwha）认为，让人成功的是他们的决心、动力和从失败中学习的能力，以及他们的勤奋程度。虽然孩子们对自己的学习成效有很大的主观性，但是每个孩子的学习风格是不一样的，我们要根据每个孩子的学习风格来教他们。

尼尔·弗莱明（Neil Fleming）发明了瓦克（VARK）模型，这是一种以简短问卷形式为基础的学习风格指导模型。它将参与者分成4种学习偏好型：

视觉型，指偏好图表、地图等视觉信息；

听觉型，指从演讲、报告录音和讨论等途径获取信息；

读写型，指从图书、网络、PPT等文本信息中获取信息；

动觉型，指通过具体的个人体验获得信息。

在学习时，我们不可能和他人采取完全一样的学习方法，我们也不可能只采取一种方法，我们会不自觉地混合多种学习偏好，比如我们的学习可能是视觉型与听觉型的混合，也可能是听觉型和读写型的混合。

如果我们是善于视觉学习的，那么别人跟你喋喋不休地讲解，就会让你很厌烦；如果我们是善于动觉学习的，那么任何需要静下来的场合都会让你不舒服。

所以，我们只有找到了适合自己的学习方法，才能更快地进入学习状态，学起来才会又快又好。

孩子们在学习的时候，总会有情绪的变化——当他们学习的内容看不懂时，会造成厌学情绪，这时候他们学习的积极性就会降到底部，即到达学习陷阱；然后，他们会慢慢恢复一些信心决定再尝试一下，他们会寻求一些专业人士的帮助，这时候一个小小的胜利就会激发他不断努力，最终取得成功。

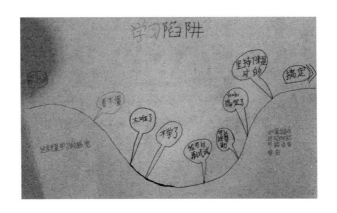

那么，我们该如何让孩子克服学习陷阱，爱上学习呢？

第一，用游戏和主题的方式，激发孩子的学习兴趣。

第二，前期的学习要有趣，中间要培养孩子的韧性和持之以恒的精神，最终才能越过学习的陷阱。

第三，语言学习要跟生活相关。

第四，在开始一切学习之前，要先培养孩子的阅读兴趣。

第五，要培养孩子的观察力。

第六，注意培养孩子的动手能力。

第七，培养孩子的逻辑思维能力。

只有做到以上几点，孩子在学习的时候，才能拥有平稳的学习状态，不至于陷入学习陷阱。

7.2 点石成金，
让孩子拥有超强的时间管理能力与自控力

　　让孩子有时间感和自控力，是我们最难教给孩子的。因为就连我们自己下班后，都喜欢躺在床上刷视频、看电视剧、看娱乐八卦新闻，那孩子怎么能自己管理好自己的时间，控制好自己的行为呢？

　　有一段时间，我们家三个孩子的生活作息非常不规律，有时候都晚上10点钟了，他们还没完成作业，有时候都到早上10点了还不想起床，有时候会在房间里走来走去，但不知道要干什么。虽然他们有老师留的作业，有看不完的课外书，但他们还是想不起来自己要做些什么。

　　后来，我在书籍和网上找到了一些让孩子学习时间管理的内容，觉得非常实用，在这里分享给大家。

　　第一，让孩子学会区分"必须"和"想要"。

有时候，孩子需要做很多事情，其中包括"必须做的事"和"自己想要做的事"，这是时间规划的第一步，因为这决定了孩子时间的安排、做事的取舍和优先级。所以必须要知道哪些是自己必须要做的、首先要做的，哪些是自己可做可不做的、可以稍后做的。

　　孩子们要想学会时间管理，首先要知道自己要做的事情的性质，我们可以给孩子一张类似的表格，让孩子写上"必须做的事"和"自己想要做的事"，这样可以直观地安排自己的时间。

　　孩子们年纪还小，往往会以自己的喜好驱动做事，我们应该告诉孩子，我们做一件事不能只看自己喜欢不喜欢，还要看这件事的重要性。

必须做的事： 即使不喜欢，也要做的事。比如按时起床、每天上学、完成家庭作业、打扫自己的房间……这些事情，是我们分内的事，是我们的责任。

自己想要做的事： 是我们自己强烈想做的事情，比如看电视、做游戏、玩娃娃、踢足球等。当我们在做自己喜欢的事情时，才会觉得开心。

为了强化孩子的区分能力，我们可以把一些事情列出来，让孩子去选。

①打篮球

②做作业

③准时上床睡觉

④吃蛋糕

⑤看书

⑥见朋友

⑦玩游戏

⑧考试

⑨洗碗

⑩洗澡

⑪叠衣服

⑫看动画片

⑬扫地

必须要做的事：＿＿＿＿＿＿＿＿＿

自己想要做的事：＿＿＿＿＿＿＿＿

有了能区分必须做的事和自己想做的事情，孩子才能暂时压制自己的喜好，在做事情的时候能有轻重缓急，控制自己的情绪，合理地安排做事情的顺序。

第二，让孩子学会设定事情的优先级。

有时候我们觉得自己的时间不够用，是因为没学会设定事情的优先等级，在设定优先级的时候，我们就要考虑到时间这个维度。《高效能人士的七个习惯》的作者史蒂芬·柯维提出了时间管理决策框架——"优先等级矩阵"，即列出事情的重要性和紧急性。

这个优先级矩阵可以非常直观地让孩子们看到，大多数事情都可以放在这个区域里：

1.这件事很重要，也很紧急；

2.这件事很重要，但不紧急；

3.这件事不是很重要，但很紧急；

4.这件事不是很重要，也不紧急。

	紧急 ——————→ 不紧急	
重要 ↓ **不重要**	A　　重要 　　　紧迫	B　　重要 　　　不紧迫
	C　　紧迫 　　　不重要	D　　不紧迫 　　　不重要

在学会用这个工具后，孩子要先做什么，后做什么，其实就一目了然了：

紧急的、重要的事情，比如明天老师要抽查背诵课文，就需要马上去做；

不紧急的、重要的事情，比如过一个星期要期末考试了，我们可以每天都保持复习的状态，而不需要连夜复习功课；

紧急的、不重要的事情，比如直播篮球赛，可以稍后再看转播；

不紧急、不重要的事情，比如出去逛公园，就可以等所有事情都做完了之后再去，或者可以直接放弃。

除了使用优先级矩阵，我们还可以用"三分类"法来教孩子做事情的优先等级——

1.马上需要去做的事情现在马上做；

2.尽快需要去做的事情；

3.等时间空闲了可以再去做的事情。

在利用"三分类"法的时候，我们还需要注意几个方面：学会利用碎片化时间去做一些紧急的事情；学会选择性放弃；对于那些没办法衡量轻重缓急的事情，可以先放置着，等到想好后再去做。

第三，让孩子学会做时间预算。

我们每天都只有有限的24小时，每一件事都会占用我们的时间，即使是一分钟，也可以做很多事——我们要让孩子从小就树立这样的时间观念。然后，我们要让孩子感知时间，比如让他计算自己洗脸用了多少时间，刷牙用了多少时间，写一张生字用了多少时间……那么他们就会有时间观念，奠定自己做时间计划表的基础。只有让孩子对时间的分配有分寸，那么他们才能知道自己的能力范围。

不得不做或想做的事	花费的时间
比如：做作业	30分钟
比如：睡觉	8小时
（添加更多活动）	

不管孩子有多大，我们都可以和孩子一起画这样一张时间预算图，来让他生动形象地明白24个小时的宝贵，我们应该珍惜时间，把每分每秒都利用起来。下面是我家大宝所做的时间预算图：

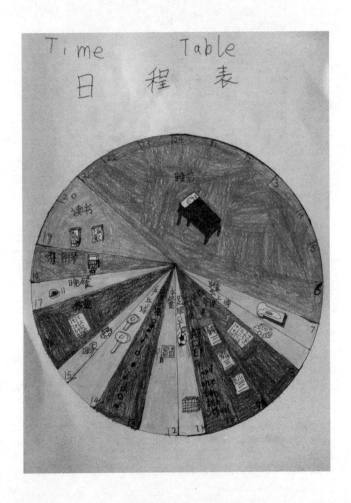

当我们做好了自己的时间预算后，就可以做一张时间计划表。下面也是我家大宝的时间计划表：

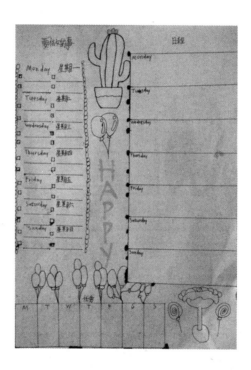

父母不妨和孩子一起做时间预算，不仅可以教会孩子合理地安排时间，也能让自己和孩子一起度过一段美好的亲子时光。

第四，找出那些浪费我们时间的事情。

周末在家休息的时候，我们往往会觉得自己什么事情也没做，这一天就过去了，也不知道自己的时间花在了哪里，其实这是我们每个人都存在的问题，包括孩子。

其实，让我们浪费时间的，一般有两个原因：

其一，自己把时间消耗在了一些无用的事情上，比如玩手机、看电视、发呆、做事不专注、和家人聊天……

其二，外部原因造成自己没办法专心做事，比如环境嘈杂，别人总是打扰你，自己发烧了，家人带你出去玩……

时间花费表

我们的时间去哪儿了？	
自由支配的时间	受组织支配的时间
1. 找小伙伴玩	1. 家人带着出去玩
2. 玩手机	2. 被电话打扰
3. 看电视	3. 生病了
4. 发呆	4. 环境嘈杂
5. 做事不专注	5. 和父母一起整理房间
6. 和家人聊天	6. 做紧急的事
7. 担忧	7. 照顾生病的宠物
8. 做手工	8. 开家庭会议

在知道了时间浪费的原因后，我们还要带着孩子分析：我们在哪里浪费的时间最多？我们可以怎样改进我们浪费时间的

行为？我们可以从哪些方面着手改进？

　　只有当孩子从心底里认同这件事是应该提高效率的，他才会真正去改变。虽然他们还是时常管不住自己，但他会时刻提醒自己安排好自己的时间，做一个有规划的人。

小贴士：孩子的时间管理工具

　　1.教孩子使用番茄闹钟，将任务拆解成小任务。

　　我们家老二总是完不成作业，很多时候是因为他觉得作业实在太多了，看到就感到很绝望。所以后来我就帮他把作业拆解成小的任务、目标，每做完一个，他就可以奖励自己一点儿东西，或者是奖励自己做一件开心的事情。

　　2.一定要让孩子在管理时间后有满足感和成就感。

　　3.让孩子完成约定后再看电视或游戏，比如：整理床铺、吃早饭、刷牙、梳头、阅读20分钟、写作或涂色20分钟、打扫房间、户外活动30分钟、做一些有创意的事情（如搭建乐高、做手工、玩沙盘等）、帮助家人（如果自己想不起来的话，就去问问他们有没有需要帮忙做的）……

7.3 分解目标，让专注成为孩子的本能

近年来，孩子的多动症现象持续增长，造成这种情况的原因是什么呢？

一个原因是饮食，尤其是加工食品和含糖饮料一直充斥在孩子的生活里，这些食品若是摄入过多，就会引发孩子机体内分泌系统功能紊乱，小儿则可能出现多动症。另一个原因是数码产品对孩子的强大吸引力，在电脑前坐上几个小时，孩子们的注意力会不断被分散，而且一直在不停地进行多任务处理。

这是孩子多动症诊断率上升的部分原因，不过我相信肯定还有别的原因。现在，注意力不足和多动症已经成了美国的基本国情，一旦孩子们表现出无精打采或不够专注的样子，就立刻有人"摩拳擦掌"地准备开药方。

有些孩子可能是真的有这方面的问题，但很大一部分孩子并没有到需要诊治的地步，他们只是孩子，他们在他们的年龄段里根本不能像大人那样能控制自己的意志力。而且，很多孩

子在学校里无精打采或者焦躁不安，不是因为他们有问题，而是有些事情确实太无聊了。

美国好莱坞传奇喜剧女星菲利斯·迪勒（Phyllis Diller）曾说过，在孩子们3岁前，我们要教他们说话和走路，但是接下来12年却要教他们闭嘴坐下。但我认为，如果他们真的做不到也很正常，因为孩子们有着非常旺盛的精力，他们对周围世界有强烈的好奇心。

现在有很多书都在讲如何培养孩子的专注力，但我更认可艾伦·佳林斯基在《孩子必备的七种生存技能》中所讲到的自制力与专注力的关系。尽管自制力和注意力之间确有关联，但两者又不尽相同。注意力是我们保持警惕，对某一件事情保持专注的能力。自制力是我们坚持自己的计划，不因冲动使自己的计划偏离正轨的能力。注意力是自制力的前提，我们必须要先意识到自己的想法，然后才能予以控制，但自制力决定了我们会注意到什么东西，两者如影随形。

澳大利亚的心理学家曾做过一系列研究，揭示出我们可以通过设定目标、坚持目标来培养自制力和注意力。这些研究同时也表明，自制力和注意力是相辅相成的，你在培养其中一种能力的同时也在培养另一种。而反过来看，你在减弱其中一种的同时，也在减弱另一种。

营销人员深谙两者的关联：当人们的注意力分散时，往往更容易冲动消费。这就是为什么很多商店里会有喧闹的音乐、明亮的灯光、画面不断变换的大屏幕、五颜六色的海报，以及喋喋不休的销售人员，等等。

或许你去商店只是为了找一样东西，但是等到你出来的时候，你买的可能不止一样东西，还有很多不在你计划之内的东西。自制力不足并不总意味着意志力薄弱，也可能意味着神经系统负担过重。这就是为什么当我们觉得压力太大时，会吃垃圾食品，而在更冷静的情况下，我们是可以抵制诱惑的。好在自制力跟很多能力一样，也是可以加强的，所以我们不必担心。

人们在还处于婴儿期时就开始发展自制力了。孩子18个月的时候，家长会给他定规矩，这时候孩子就会变得非常配合，比如只要有人对他说"不"，他们就可以停止当下的行为。表明他们开始控制冲动情绪了，开始有抵制诱惑的能力。

等孩子到了学步期时，你会看到他们可以抵制横穿马路的冲动了，开始分享他们的玩具，愿意等所有人都坐下来以后才开始吃东西，能等到别人都走了才拆生日礼物。但这时孩子的自制力还有待完善，你可以清晰地看到它还在发展。大约有三分之一的儿童会在4~6岁时，表现出延迟满足的能力。自制力让他们愿意放弃眼前的享受，以便在之后获得更大的奖励。

对多数孩子来说，在他们7~9岁时，自制力会以一种更加稳定的方式起作用。在9~12岁时，孩子的自制力会迎来一个小幅的飞跃发展期。但孩子到青少年时期时,自制力又会下降,因为边缘系统控制下的冲动和欲望中心进入了飞跃发展期,暂时超过了前额皮质的发展,这就是为什么青少年会很冲动,想冒险。

作为家长,我们要明白身体内在的调节机制可以帮助我们找到平衡。在人逐步走向成熟的过程中,自制力可能体现在以下两个层面上:

第一,控制一时的冲动。比如孩子虽然很想玩电脑,但还是选择了坚持练习钢琴。

第二,长时间自我控制。这里指能长时间看到并设定特定类型的注意力,比如注意到孩子没有抽时间练钢琴而是沉迷于电子游戏(看到了一种冲动),因此我们可以与孩子一起制订计划,规定玩半小时电脑游戏后,要练习半小时的钢琴(设定类型)。随着大脑的发展,孩子逐渐会学会如何在这两个层面运用自制力,这虽然很难做到,但是很重要。

自制力有助于孩子取得成就,研究表明,自制力水平高的学生在长大成人后,身体和心理都会更加健康,受教育的程度也会更高,药物滥用和犯罪的问题比较少,收入更加稳定。

我们要提升孩子的自制力,可以试试下面几种方法:

第一,我们要理解孩子。孩子负责自制力的大脑区域还在发展中,他们不仅要在学校里努力学习,放学后还要上各种辅导班、做运动、做家务、做家庭作业等，他们的生活并不轻松，所以我们不要压制孩子，而是要理解孩子。

第二，很多父母会发现，孩子在一天将尽时自制力会下降，所以我们不妨让他们放学之后去做一些自己喜欢的室外活动，让他们重新焕发活力。

第三，孩子在家做作业的时候，我们要讲究策略。我们可以让他从自己的优势学科作业开始写，这样他们对作业才更感兴趣；我们也可以让他先做比较难的作业，之后再做那些让他觉得兴奋的作业，就如同一种奖励。对于那些比较难的学科，我们可以试着按照孩子能接受的专注时长，让他分步完成相关的作业，中间可以穿插做优势学科的作业，以免孩子注意力分散。

第四，让孩子分步完成任务。孩子的注意力集中的时间一般在20分钟左右，所以我们在看到孩子烦躁或注意力不集中时，可以建议他先将手头的事情暂停10分钟，做一些能够唤醒他活力的事情，比如做做运动、听听音乐、读会儿书、玩玩游戏，原则上就是要能让孩子放空自己。

在让孩子做重要事件之前，要少给孩子安排一些活动，比如考试、演出、运动赛事等。我们要给孩子留出一些"有益放空"的休息时间，确保孩子有足够的自制力，可以在重要场合尽可能高效地学习和表现。在孩子压力较大的时间段，比如考试期间，参加比赛、演出前，不要太苛责孩子。

只有一步步给孩子分解目标，他们才能慢慢提高自己的专注力，变成一个自信、听话、成绩好的孩子。

7.4 优秀是"攒"出来的

有人注重培养孩子的学习能力，有人注重训练孩子的运动技巧，有人注重培养孩子的规范意识，但是培养孩子良好的习惯是重中之重！中国著名教育学家叶圣陶就曾经说过："什么是最好的教育？简单一句话，就是养成良好的习惯。"

对于学前期的孩子，我们可以布置少量的书写（写数字、汉字）、背诵（背儿歌）、朗读（读拼音、字母）、预习（看图说话）、手工（涂色）等作业。作业的一半需要家长"配合"，另一半孩子应独立完成。做作业的时间可以从五分钟逐渐增加到二十分钟。

为了不让孩子"讨厌学习"或者"做无用功"，我们可以找一些有趣的游戏练习册，来帮他们适应早期学习的需要，将"故事本"作为"课本"来教他们拼音、汉字和数字；也可以将游戏本和涂色本作为孩子的"作业本"，让他独立完成填数字、贴贴纸、描汉字、配对连线等内容。

孩子放学后，我们可以首先安排他们玩半小时，然后让他们喝水、吃点心、上厕所，最后父母可以监督孩子把书本、文具摆好，为他们讲解作业要求，并让他"独立"完成。一开始，孩子可能会东摸西摸，需要父母在旁边督促，等孩子逐渐适应这个过程后，父母可以离开，并透过门缝悄悄观察他们。

6点后，父母要为他们检查作业，予以奖惩。在晚餐后，可以带着孩子完成背诵、朗读等任务。我们不妨可以试试犹太学习法——让孩子先给父母讲解，这样既可以培养孩子的表达能力，也可以提升孩子的逻辑思维能力、理解能力。在孩子搞不清楚的地方，要做上记号，让孩子"带着问题"再听父母讲一遍。这也可以帮孩子养成自主预习的好习惯。

对老师布置的手工、手抄报等作业，父母千万不能包办。我们可以购买一些简单的工具，比如打孔器、花边剪刀、一次成像相机、各种质地的彩纸等，然后引导他们做。陪他们做手工的时间，可以坚持到半小时以上，以训练孩子的动手能力、专注力和自制力。

等他们的作业和手工完成后，我们可以带着他们去楼下跳绳15分钟，或慢跑15分钟，来训练孩子的耐力和运动力。我建议要为孩子找一个运动向的爱好，来保证他们有足够的运动量。

为了让孩子学习、做事更有条理，我们可以注意以下几点：

第一，教孩子学会做清单。让他们把自己需要准备的东西画得漂漂亮亮的，贴在冰箱上，每天参照清单准备自己第二天的衣服、学具、图书等。如果有特殊活动，还可以让他们做简单的月历、周历等。（具体方法见时间管理篇）

第二，让孩子学会用符号记录重要的事情。这样孩子上学后就可以更快地记下老师的通知、作业等，而不受不会写字的影响。

第三，父母要给孩子准备"备忘牌"。备忘牌可以帮助孩子记住要带的东西，分清事情的轻重缓急，让他们更有时间感和规则感。

孔子曰"少年若天性，习惯如自然"，这句话的意思是说孩子小时候养成的良好习惯，就如同自然发生的一样。只有培养了好习惯，才能与其他孩子拉开差距。当然，要让孩子养成良好的学习习惯，我们就要不断地培养和跟进，因为孩子是没有能力自己去培养习惯的，这需要家长的配合。

7.5 孩子不优秀，跟你给他贴的标签有关

1

为了不让孩子输在起跑线上，父母喜欢给孩子报各种各样的补习班或兴趣班。老一辈的父母为孩子报班，多是为了攀比或者圆自己未实现的梦，而年轻的"80后"父母则没有那么"不近人情"，在为孩子报班的时候，他们至少还是以孩子的兴趣为基础的。

孩子上学以后，也许是受到以考试成绩为导向的教育的影响，父母们不得不送孩子去补习班，希望通过额外的补习，来弥补孩子的短板，以便在以后重要的考试中取得好成绩，有很强的目的性。

我在芬兰生活的时候，最令我感动的一件事是，老师们会以激发孩子的兴趣为主要教学目的。尤其是对那些学习能力没那么强的孩子，他们会非常耐心地因材施教。其实，每个人都知道兴趣对我们的影响有多大，它会激发我们努力研究和学习

的热情，这也是为什么那些看起来学习能力很差的孩子，在有了学习兴趣之后，能自主地去攻克那些学习难题。培养学习兴趣的教育方式，让芬兰一度成为世界关注的焦点。

我小时候很不喜欢玩魔方，觉得那个东西太复杂了，我给自己贴的标签是：我的手眼协调能力太差了。但是，当学校要求孩子们学魔方时，因为找不到魔方老师，我只好自己网上自学再教给孩子，所以现在我也能比较熟练地玩魔方了。虽然现在我对魔方还是提不起什么兴趣，但我突破了自己的局限，对自己有了一个新的认知——自己的协调能力并不差。

所以，兴趣唤出的主动学习的能力是惊人的，很多事情，我们以为自己做不到，其实不是我们真的做不到，而是还没有找到学习的动力和正确的打开方式，这时候，不要盲目给自己贴标签。

2

如果有一天，你家孩子拿来他的数学小测验让你看：

2+5=8　2+4=6　7-3=4

8+2=10　5+6=10　3+2=5

7+2=9　9-4=5

在孩子做的测试题里，你看到的是什么？是的，中间有两道错题！但旁边不是还有6道正确的题目吗？为什么你会首先发现这两道错题呢？

因为我们太想纠正孩子的错误了，想让他做得更完美，这样他未来才能走得更远、更好！可是，我们太容易忽略孩子们做得好的那一部分了，太容易忽略他的付出，觉得那是理所当然的事情。

我们每个人都有缺点，即便我们自己知道自己的缺点，别人也为我们指出来过，但我们真的都能立刻就改掉吗？似乎不是那么容易。所以，与其关注孩子的缺点，不如关注他的优点。我们要多夸赞孩子做对了多少，而不是不停地向他传递他有多少错误，也不要给他贴"有毛病""有问题""没有天赋"等标签。

我家二宝3年级以前数学成绩很差（虽然现在可提升的空间依然很大），怎么教都教不会，到最后他直接拿了0分的卷子回家——他连最基础的10以内的加减法都搞不懂。那时候，因为他的调皮和成绩差，我们之间的关系也很差。

我一直不知道二宝为什么不肯好好学数学，后来他告诉我，他姥姥曾跟他说我们家人就是数学不好，都是文科成绩好，所以我们家没人能做跟数学相关的工作。姥姥的说法，就是在给孩子贴标签，这句话深深地刻在了孩子的脑海里，它在不断暗示孩子，他数学成绩不好是天生的，再怎么学习都没用，所以他就失去了对数学的兴趣。

后来，我花了很多时间才破除这句话对他的影响。我告诉他，我高考前，曾经用3个月的时间把数学从刚过及格线提升到了成绩优异；我告诉他哥哥的数学就很好，而且哥哥最喜欢数学，这些都跟家族没关系，他只是还没找到对数学的兴趣。

我也给二宝分析了他学习不好的原因：第一，他在班里是年龄最小的，也因为他出生在芬兰，对汉语的使用还没那么熟练，对老师讲述的内容存在一定的理解障碍，所以在学习上他暂时还没有优势，但他是很聪明的孩子，只是学得慢，而不是真的学不会。第二，就算他现在学不会，也不代表以后学不会，因为学会是可以通过努力做到的，只要我们付出努力，就一定能学会。

此外，我还让二宝寻找他擅长的东西。虽然妈妈没有办法全面地帮助他，但他可以通过向同学们展示自己的才艺和技能，来赢得小朋友们的友谊。比如他很幽默，是同学中的搞笑担当，很快就能和小朋友们打成一片。经过很长时间的沟通，他开始慢慢改变了：他通过按时完成作业，建立友谊，恢复与爸爸妈妈的关系，找到了自己的价值感；他开始为自己而骄傲，学习成绩也提升了不少。

3

我们要教给孩子的，是要通过不断尝试和努力而取得某项进步，而不是简单地告诉他一个结论。有些孩子活泼好动，怎么也坐不住，父母就很担心孩子是否有多动症。但好动是小孩子的天性，带孩子去检查是好事，但不管检查的结果如何，父母绝对不能给孩子贴上"多动症"的标签，或者简单地将结果告知孩子。

我家大宝3年级时，班上组织了一个"健步走"活动，要求家长和孩子一起参加。我看见一个奶奶跟着小孙女一起参加活动，每当孙女掉队了，或者没参与小朋友们的话题，这位奶奶就很焦虑地在旁边催促女孩儿："赶紧跟上队伍！""赶紧回答同学，快说话啊！"……看到那位奶奶的焦虑，我想起我家大宝在芬兰上幼儿园时的状况：老师在讲很有趣的东西时，他会突然离开，到一旁看书；或者大家玩得很开心时，他会像梦游者一样完全沉浸在自己的世界中。但是老师从来没有因为这些事情找我谈话，也从没说过我家大宝有自闭症倾向。

他的这些行为，让我一度想带他去医生那里检查，但最终我没去。后来，我不经意地告诉他，跟小朋友交往的时候不能突然中途离开，要跟小朋友或者老师打招呼，如果听不懂老师讲的内容，可以尝试课下跟老师交流，或者认真地听一听，也许老师前面讲得有些枯燥，后面讲得也许就会很有趣，错过了就会很可惜……

听了我这些话，我感觉到了他的改变：他一步步地融入了芬兰的幼儿园，回国后又融入了中国的幼儿园；上小学后，他找到了交心的小伙伴。事实证明，我家大宝没有自闭症，只要好好跟他交流，就能慢慢纠正。

孩子都有自己的特点，在面对新环境时，都会有不适应的感觉，这时候，我们需要做的是给孩子一些适应时间，而不是先为他的行为设置一个标签。

夸张一点儿说，我们希望孩子成为什么样的人，他就会变成什么样的人。如果你天天告诉他他很笨，他就会很笨；如果告诉他他很努力，他就会努力地去做，甚至会做得更好。不管遇到什么，我们都要告诉孩子："别人怎么想不重要，重要的是，你是爸爸妈妈眼里的宝贝，你很特别！"